ANALYSEN UND REFLEXIONEN
Band 51

Martin H. Ludwig

Friedrich Schiller

Die Räuber

**Jugendprotest – politisches Lehrstück
philosophisches Welttheater**

Joachim Beyer Verlag – 8607 Hollfeld/Ofr.

2. verbesserte Auflage 1990
ISBN 3-88805-008-1
© 1984 by Joachim Beyer Verlag, 8607 Hollfeld
Alle Rechte vorbehalten!
Druck: Beyer Druck, Langgasse 23, Hollfeld

Inhalt

Seite

Einleitung 7
Interpretation über das ‚Jugendstück' hinaus — Konzentration auf die Hauptcharaktere Karl und Franz
Moor — Komplementärwerk zu diesen Interpretationen: Königs Erläuterungen Bd. 28

Immanente Interpretation der ,,Charaktere'' ... 10
Karl Moor — Franz Moor — Amalia — Der alte Moor
— Herrmann — Der Pater — Die Räuber — Pastor
Moser

**Karl Moor — Die Verkörperung des Protestes
der Jugend gegen Welt und Gesellschaft** 19
Aus Rolf Hochhuts ‚Räuberrede' 1982 — Gegen Bü-
rokratie und Verwaltungsdiktate — Gegen die Langeweile der reglementierten Vorhersehbarkeit des Le-
benslaufes — Radikalität des Denkens, der Aus-
drucksweise, der Taten — Soziales Gewissen —
Sinnbild des sympathischen (filmreifen) Rauhbeins

Franz Moor — Sinnbild eines bösen Herrschers 28
Intrigen — teuflische Pläne — böse Taten — moral-
loses Weltbild

**Die populäre biographische Interpretation: ,,Die
Räuber'' als Sinnbild für Schillers ‚bedrängte'
Jugend** 32
Schiller ,,im Zwang'' der Hohen Karlschule

Das Umfeld der literarischen Mode 37
,,Sturm und Drang'' — Gefühl contra Rationalität
und Regel — Kraftmeierei — Genieverständnis — soziales Empfinden — Das Motiv der feindlichen Brüder

Literarische Vorlagen 41
Schubarts Erzählung ,,Zur Geschichte des menschlichen Herzens'' (1775) — Die Dramen von Maximilian Klinger ,,Die Zwillinge'', Anton von Leisewitz ,,Julius von Tarent'':
Klassische Tragödienform — statische tragische Situation — der finstere Kraftmensch Guelfo und der freundliche Thronfolger Ferdinando (Klinger), der kaftmeiernde Protestler Guido und der empfindsame ,,Aussteiger'' Julius, ein Relativist — Der Konflikt der Brüder als leichter Störfall der ewigen Ordnung

Schillers Umformung der literarischen
Vorlagen 50
Statt statischer Handlungsanordnung die Entwicklung einer (Kriminal-)Geschichte
Karl Moor — Zusammenfassung der Sturm- und Drang-Merkmale in einem Charakter
Statt eines unveränderlichen Charakters das ,,modern'' dargestellte Ergebnis einer sozialpsychologischen Entwicklung: *Franz Moor*
,,Modernes'' Gedankengut bei *Franz Moor:* Gleichheit von Natur aus statt Privilegiengesellschaft — Leistungsgesellschaft contra patriarchalische Gesellschaftsordnung
Statt Autoritätsgläubigkeit ein 'moderner' erkenntnistheoretischer Relativismus nach David Hume
Auch *Franz Moor* ein Protestler — neben der Sturm-und-Drang-Kraftmeierei der grundlegende philosophische Angriff
Franz Moor — Die Personifizierung des philosophischen ,,Freigeistes''

Die gesellschaftspolitische Aussage der
,,Räuber'':
Der Kampf der Brüder als ,,Naturzustand'' des
Menschengeschlechts 69
Vatergestalten — Der ,,Naturzustand'' — Die Brüder

Moor versinnbildlichen den abschreckenden Charakter des „Naturzustandes" — Entwicklung zum Rechtsstaats als politische „Lehre"

Franz Moor, Anwender und Beispiel des modernen psychosomatischen Menschenbildes 79
Leib-Seele-Problem — Psychosomatik — Franz Moor — Schillers Dissertation — Anerkennung durch die heutige Wissenschaft

Der Materialismus Franz Moors als Anreiz zum Bedenken existenzieller Fragen des Menschseins 86
Existenzielle Fragen — heutige Verdrängung existenzieller Fragen — frühere ausführliche Diskussion — Existenzielles Fragebedürfnis bei Jung und Alt

Schillers „Räuber" — Räuber? 90
Einzelhinweise auf tatsächliche Räuber — soziale Struktur und Bewußtsein der Räuber-‚Zunft' — Karl Moor: ein idealistischer Weltverbesserer, kein Räuber – im Gegensatz dazu: realistisches Räuberbild in anderen Äußerungen Schillers – Räuber-„Mode"

Universales Wissen und Welttheater: Das Ergebnis der Schillerschen Studienjahre ....
Status der Karlschule — pädagogischer Stoff und pädagogisches Klima — ihre Nutzung durch Schiller

Die Flucht des jugendlichen Protestierers: Kern eines Autoren-Images 101

Anmerkungen 104

Literaturverzeichnis 109

Einleitung

Es fällt nicht leicht, Schillers Drama „Die Räuber" erschöpfend zu interpretieren. Dabei scheint sich der Gehalt des Stückes auf den ersten Blick schnell zu erschließen: In den „Räubern" kämpfen zwei Brüder um die Nachfolge des väterlichen Erbes. Der eine — Franz Moor — benutzt Hinterlist und Brutalität, um die Herrschaft zu erlangen und zu festigen, der andere — Karl Moor — taucht unter und kämpft als Räuber um die ihm angestammte Position.

Weil Karl Moor auch als Räuber noch Züge von Anständigkeit und Wertbewußtsein verkörpert, kann man ihn gleichsam als Rächer der Unterdrückten verstehen. Aus diesem Grunde und weil in dem Stück — wie wir heute sagen — „action" abläuft und die Personen sich einer polternden und kraftmeiernden Sprache bedienen, beeindruckte das Drama vor allem junge Leute. Signalisiert nicht auch die Titelvignette mit einem Löwen und der Inschrift „In Tirannros" („Wider die herrschenden Tyrannen") jugendlich-revolutionäre Stimmung? Den späteren Betrachter stört es nicht, daß das aufrührerische Motto gegen Schillers Wissen erst in einer zweiten Auflage dem Stücke vorangestellt wurde. Ihm repräsentiert es Karl Moors Auftritt in einer angemessen Formel.

„... man gebe Schillers ‚Räuber' oder ‚Fiesco' und das Haus ist fast allein von Studenten gefüllt.

‚Das war', versetzte Goethe, ‚vor fünfzig Jahren wie jetzt und wird auch wahrscheinlich nach fünfzig Jahren nicht anders sein. Was ein junger Mensch geschrieben hat, wird auch wieder am besten von jungen Leuten genossen werden. Und dann denke man nicht, daß die Welt so sehr in der Kultur und gutem Geschmacke vorschritte, daß selbst die Jugend über eine solche rohere Epoche hinaus wäre. Wenn auch die Welt im ganzen voranschreitet, die Jugend muß doch immer wieder von vorn anfangen und als Individuum die Epochen der Weltkultur durchmachen.'"[1]

Zunächst scheint es tatsächlich so, wie Eckermann und Goethe einander zustimmen: „Die Räuber" sind ein Spaß für die Jugend, und wie die anderen frühen Stücke Schillers gelten sie „mehr [als] Äußerungen eines außergewöhnlichen Talents, als daß sie von großer Bildungsreife des Autors zeugten."[2]

Dieses, durch eine Autorität wie Goethe natürlich sehr verfestigte Verständnis wird durch die ‚immanenten' Interpretationen des folgenden Kapitels nachempfunden. Es handelt sich bei den Charakterbeschreibungen um die Interpretationen, die einst in dem Erläuterungsband von Königs Erläuterungen abgedruckt waren.[3] Hinzugefügt ist lediglich die Charakteristik des Pastor Moser.

Hinter einer vordergründigen Interpretation der „Räuber" wird bei genauerem Hinsehen ein vielschichtiger Bildungsgrund sichtbar, der — ganz im Gegenteil zu Goethes Urteil — von einer unerhörten Bildungsweite zeugt. Dieses Büchlein hat sich die Aufgabe gesetzt, den weiteren Bildungshorizont hinter den Schillerschen Hauptcharakteren Karl und Franz Moor sichtbar zu machen. Dabei wird nicht die Bildungsweite gegen ein jugendliches Interesse gesetzt, sondern die Fragestellung lautet: Warum ist Schillers Stück „Die Räuber" trotz des in ihm offenbarten Bildungsstoffes über 200 Jahre publikumswirksam geblieben?

Der Bildungshorizont hinter Karl und Franz Moor ist derart weit gespannt, daß für dieses Bändchen eine Konzentration auf die Hauptfiguren angebracht erscheint. Überdies erscheinen alle anderen Figuren kaum als eigenständige Charaktere, sondern sie bringen lediglich die Züge der beiden Hauptpersonen besser zur Geltung, so daß sich auch vom gestalterischen Konzept des Dichters her eine Konzentration der Interpretation auf die beiden Hauptgestalten rechtfertigt.

An dieser Stelle sei der Leser noch auf ein „Komplementärwerk" zu den hier folgenden Interpretationen hingewiesen: In der Neuauflage von „Königs Erläuterungen" (Bd. 28) habe ich die Quellentexte zusammengestellt, die im wesentlichen diesem Buch zugrunde liegen.[4] Ebenso findet der Leser dort eine Skizze des Handlungsverlaufs und des dramatischen Spannungsbogens, so daß in diesen Ausführungen darauf verzichtet werden kann.

Die inhaltliche Zielrichtung der vorliegenden Deutungen entspricht dem Resümée, mit dem Helmut Koopmann seinen jüngsten Forschungsbericht über die Interpretation zu den ,,Räubern" abschließt:

,,Was Schiller [...] wollte, steht am deutlichsten in seinen philosophisch-theoretischen Schriften dieser Zeit. Die Schiller-Forschung täte gut daran, sich dieses Hintergrundes noch stärker bewußt zu werden."[5]

Immanente Interpretation:
„Die Charaktere"[6]

Karl Moor

Karl Moor ist von der Natur nicht nur mit *körperlichen,* sondern auch mit *geistigen* und *seelischen Vorzügen* reich ausgestattet. Er ist *schön* vor allen Jünglingen (III,1), auf seinem schlanken Hals sitzt ein edelgeformtes Haupt mit feurigen Augen (II,2 IV,2), die aber auch huldreich und „himmlisch mild" blicken können. (II,2, III,1). Sein *feuriger Geist* war schon in der Kindheit „für jeden Reiz von Schönheit und Größe" empfänglich. Leutselig, mitleidig, freiheitliebend, mutig, aber auch etwas starrsinnig (I,1), wird Karl nicht nur vom Vater, sondern auch von der Dienerschaft (IV,3) innig geliebt. Selbst das wüste Burschenleben in Leipzig hat seinen *Sinn für alles Hohe* nicht abgestumpft; er liest die Heldenschilderungen Plutarchs, während die anderen zechen. *Offen* hat er seine Schulden und leichtsinnigen Streiche dem Vater bekannt, indem er für seine *aufrichtige* Reue liebevolle Verzeihung erhofft. Als ihn statt dessen der väterliche Fluchbrief aus allen Himmeln stürzt, bricht bei ihm der Trotz der Verzweiflung hervor, und leicht läßt er sich zur Annahme der Führung der eben gebildeten Räuberbande überreden, nicht aus Lust am Rauben und Morden, sondern aus *Gerechtigkeitsgefühl,* um mit anderen, ebenfalls vom Schicksal Gekränkten, zum Schutze unschuldig Unterdrückter den Kampf gegen Ungesetzlichkeit und sonstige mißliche Verhältnisse und ihre Vertreter aufzunehmen. Darin aber liegt seine tragische Schuld, daß er seinen Kampf mit *ungerechten Mitteln* führt, und darum fühlt er sich auch trotz aller seiner Heldentaten und der Treue der Kameraden tief unglücklich, zumal da ihn diese in seinem Innersten nicht verstehen. Um so mehr hängt sein *Herz* heimlich an den beiden, die das tiefste Verständnis für ihn haben, an dem Vater und Amalia, obwohl er sich von ihnen verachtet glaubt, und sich ihrer *unwert* fühlt. Denn sein Gewissen hat ihn keinen Augenblick verlassen: es offenbart sich in seinen Warnungen an Kosinsky (III,3), in seinen Gedanken bei der Rückkehr in die Heimat (IV,1), in seiner zweiten Unterredung mit Amalia (IV,4), in seinem Selbstgespräch im Walde (IV,5 Anf.), in seinem Erschrecken bei des Vaters Worten (V,2 Anf.): ,,Itzt wird mein Sohn gerichtet'', da er dies zunächst auf sich bezieht, und in seinem Ringen mit dem inneren Drange, sich dem Vater zu erkennen zu geben, ebenso auch in dem Jammer über seine Taten (V,2: ,,die Seelen derer'' usw.) und in der reuevollen Einsicht und der Absicht, freiwillig seinen frevelhaften Irrtum zu sühnen (V,2: ,,O über mich Narren'' bis Schluß). Wie er als *strenger Gebieter* die wüste Bande der Räuber, von denen keiner dem anderen traut, regiert und sogar größtenteils zu hingebender Treue gegen seine Person begeistert, so erringt sein besseres Ich in hartem Gewissenskampfe den *Sieg* über seinen weltfeindlichen Trotz, ja über sein von Liebe zum Vater geleitetes Rachegefühl gegen Franz, und *sich selbst getreu*, zieht er die Folgerung aus seinen Vergehen und bringt sich der aus Gerechtigkeitssinn der von ihm verletzten Gerechtigkeit zum *Opfer*, nachdem er vorher seiner *Eidestreue* sein Liebstes auf Erden geopfert hat.

Franz Moor

Der atheistische Freigeist und schrankenlose, keine sittlichen Bindungen anerkennende Herrenmensch Franz Moor bildet den ausgesprochenen *Gegensatz zu Karl*. Von der Natur ist er *körperlich stark vernachlässigt (I,1: ,,Warum mußte sie mir . . . diese Häßlichkeiten aufladen . . . die Lappländersnase . . . dieses Mohrenmaul, diese Hottentottenaugen?),* noch mehr aber in seelischer und sittlicher Hinsicht. Nicht nur, daß er als Kind ,,kalt und hölzern'' auftrat, die Leutseligkeit, das Mitleid, den Freiheitsdrang und die Kühnheit des Bruders mit scheelen Augen ansah (I,1: ,,Schändlicher, dreimal schändlicher Karl" unw.): schon damals übte er die Kunst der *Heuchelei*, lief oft zur Kirche, ,,erbaute sich mit frommen Gebeten und mit Andachtsbüchern", die er später dem frommen Daniel an den Kopf warf (V,1 Ende), las die Geschichte vom frommen Tobias, kurz, er suchte überall in *schlauer Berechnung* den Musterknaben zu spielen, während Karl sich offen gab, wie er war, im Guten und im Bösen. Bei seinem völligen *Mangel an Gemüt* und ,,Liebenswürdigkeit" (I,1 Ende) war Franz daher weder bei dem Vater noch bei den Untergebenen beliebt. Bezeichnend für seinen Charakter ist auch die Art seiner Lektüre. Während Karl sich für die Heldenschilderung Plutarchs und für das Göttliche im Menschen begeistert, liest Franz nur materialistische, medizinische Werke und achtet vor allem auf des Menschen tierische Natur. Beide gebrauchen oft Bibelworte, Franz aber nur, um zu lästern. *Hinterlistig* benutzt er die Verfehlungen des Bruders, um ihm den Vater zu entfremden und sich an seine Stelle zu drängen. Als Unterlage seiner Verleumdung bedient er sich eines von ihm selbst gefälschten Briefes und verwandelt des Vaters strafende Worte in einen Fluch. In *hämischer Schadenfreude* malt er sich dessen Wirkung aus, und voller Tücke schmiedet er Pläne, sich zum Herrn zu machen, unter *Mißachtung alles* menschlichen und göttlichen *Rechts* (I,1 Ende) ein böses Ziel mit *schurkischen Mitteln* erstrebend. Er freut sich darauf, seine Untergebenen quälen zu können, er weidet sich an dem Jammer des Vaters und sucht den Greis unbarmherzig ums Leben zu bringen, ohne vor Betrug, grausem Hohn, ja vor Gewalt zurückzuschrecken (II, 1, 2. IV,5): aus niedriger Sinnlichkeit erstrebt er, ebenfalls mit Betrug, Drohungen und Gewalt, die Hand Amalias (I,3. II,1). Das *Gewissen* ist ihm nur ein Schreckmittel für Dumme, das der starke Geist lachend verachtet (I,1 gegen Ende); selbst als es sich in der Stunde der Gefahr wider seinen Willen furchtbar geltend macht, nennt er es noch ,,Pöbelweisheit, Pöbelfurcht" und spottet über den rächenden Gott und dessen Diener, der ihm ins Gewissen zu reden sucht (V,1). Darum scheut er sich auch weder vor Gewalttätigkeiten noch vor dem Brudermorde (IV,2), und selbst als Todesfurcht ihn schüttelt, ist er nicht imstande, sein Gewissen durch reuevolles Bekenntnis zu entlasten, sondern selbst sein Gebet wird zur Lästerung (V,1). ,,Ich möchte so gar gern einen Tyrannen sehen dahinfahren", sagt Moser mit Recht (V,1), und es ist kein Wunder, daß einen solchen Herrn die geknechteten Untergebenen in der Stunde der Not verlassen (V,1), während die Räuber für Karl ihr Leben in die Schanze schlagen (II,3 Ende). Ist dem schurkischen Franz doch ehrliche Treue so verhaßt, daß er den alten Daniel aufs schrecklichste bedroht, weil er nicht an Karl zum Mörder werden will (IV,2). Während dieser durch sein Gewissen schließlich über das Böse siegt und sittliche Freiheit erlangt, wird Franz von seinem bösen Gewissen ins *Verderben* gestürzt und muß nun seine *Rachepläne* vereitelt sehen und als ein *Spottbild seines früheren Ich* sich selbst den Tod geben, der für ihn nicht die Pforte zur Erlösung, sondern zur Hölle wird. *Freiwillig opfert Karl sein Liebstes auf Erden und wird dadurch von der Bande der Räuber und den Banden der Sünde frei, wider Willen* dagegen muß Franz auf alles verzichten, was ihm sein Leben lebenswert machte, auf Reichtum, Herrschaft und Genuß. Mit Gott und Welt versöhnt, geht Karl als ein Geretteter hoffnungsvoll dem Tode entgegen, verdammt und verloren fährt Franz verzweiflungsvoll zur Hölle — ein vollendeter Bösewicht.

Amalia

Schiller sagt in seiner anonymen Kritik der ,,Räuber" im ,,Wirtembergischen Repertorium" von 1782, die Figur der Amalia sei verzeichnet und unnatürlich. Bei all den schönen Empfindungen, die sie äußere, bei aller liebenswürdigen Schwärmerei vermisse man das, was man zuerst suche, das sanfte, leidende, schmachtende Ding, das *Mädchen*. Allerdings ist das Benehmen Amalias manchmal sonderbar, doch paßt das exzentrische Mädchen sehr gut zu dem exzentrischen Jüngling Karl. Eine Gretchennatur wäre in diesem aus Zorn und Schmerzen geborenen Stücke nicht zu brauchen. Mit voller Liebe und Begeisterung hängt sie in unwandelbarer Treue an Karl. Um so tiefer empfindet sie das ihm angetane Unrecht, dessen Urheber sie in Franz teils ahnt, teils erkennt. Sie will Vaterfluch, Armut und Elend mit Karl teilen (I,3). Nur vorübergehend läßt ihre durch Franzens Lügen erregte Eifersucht sie an der Liebe des Teuren zweifeln, und schnell erkennt sie die Verleumdungen als das, was sie sind (I,3), und weist deshalb fortan mit Beharrlichkeit die Werbungen des Schurken energisch ab (I,3. III,1). Nur weil von einer der ihrigen gleichen Treue bis in den Tod darin die Rede ist (,,Sein letzter Seufzer war Amalia''), glaubt sie an Hermanns Lügenbotschaft (II,1), und obwohl sie den alten Moor wegen seines Vaterfluches als Urheber ihres schmerzlichen Verlustes ansieht, behandelt sie ihn doch liebevoll, weil er nicht minder verzweifelt ist als sie, und tröstet ihn und sich mit der Hoffnung auf das Wiedersehen mit dem Geliebten im Himmel (II,2). Um so heftiger wird sie durch die Kunde erregt, daß Karl noch lebe (III,1 Ende). Standhaft und treu widersteht sie, das Andenken ihres fernen Geliebten heilig haltend, dem starken Eindruck, den das Wesen des ,,Grafen von Brand'' auf ihr Herz macht, bis endlich gerade Karls Lied ihr offenbart, daß der Graf und Karl *eine* Person sind (IV,4). Als sie von den Räubern zu Karl und dem alten Moor gebracht wird (V,2), ist die Freude über das Wiedersehen stärker als jedes andere Gefühl, und obgleich sie einen Augenblick vor dem ,,Mörder'' schaudert, kann sie doch ihren ,,Engel nicht lassen''. In der Erkenntnis aber, daß sie sich wegen des den Räubern von Karl geleisteten Treueschwurs nicht angehören können, bittet sie verzweifelt um den Tod und ist bereit, ihn sich selbst zu geben, als der Geliebte ihr den letzten Wunsch erfüllt und sie mit eigener Hand durchbohrt. — So unähnlich beide Gestalten auch sonst sind, so hat doch Amalia mit Fausts Margarete das gemein, daß auch sie durch Aufopferung ihres jungen

14

Lebens den Geliebten den Mächten des Verderbens ent-
reißt; ja insofern steht ihr Opfertod noch über dem Margare-
tes, als sie als völlig schuldloses Opfer fällt.

Der alte Moor

Der alte Moor ist im ganzen Stücke „ein Jammermann",
wie ihn Hermann (IV,5) nennt. Seine Willensschwäche ist
an seinem und seines Hauses traurigen Schicksal schuld.
Wie er schon dem Knaben Karl zu viel Willen ließ, hat er
auch den Leichtsinn des Studenten Karl gefördert. Er unter-
läßt es auch, die Angaben Franzens nachzuprüfen, und
kann sich nicht zu energischem Handeln aufraffen; vielmehr
jammert er nur und überläßt die Zurechtweisung Karls dem
haßerfüllten Bruder, nach dessen Berechnung ist er zu
denkfaul, um einzusehen, daß, wenn in der Erzählung Hermanns (II,2) von einem Fluche die Rede ist, dieser nur einer
Fälschung seines Auftrags an Franz entstammen kann; er
wirft Franz vielmehr vor, ihn zum Fluche veranlaßt zu haben. Das geringe Aufflackern seiner Energie, als er Franz an
der Gurgel packen will, bekommt ihm sehr schlecht und
endet bald in schwächlichen Klagen, bis ihn schließlich die
Erzählung von Josephs Schicksal in eine todähnliche Ohnmacht fallen läßt (II,1). Er ist längst zum Tode reif, als ihm
der Schmerz über das Räubertum des eben wiedergefun-
denen „verlorenen Sohnes" Karl das Leben raubt.

Hermann

Hermann ist der Bastard eines Edelmannes. Zu Beginn der
Handlung läßt er sich, von dem alten Moor und Karl belei-
digt und von der Hoffnung auf Amalias Hand erfüllt, willig
von Franz zu dessen Schurkenstreichen gebrauchen, ohne
zu wissen, daß dieser, der sich selber in glühender Sinnlichkeit nach Amalia verzehrt, in seiner Abwesenheit urteilt:

„Dir eine Stallmagd und keine Amalia" (II,1). Er spielt sehr geschickt den Boten aus der Schlacht bei Prag, wird aber von Gewissensbissen gequält, als er den Schmerz des alten Moor und Amalias über Karls vermeintlichen Tod sieht (II,2). Daher verrät er der trauernden Amalia, daß Karl und der alte Moor, die sie beide für tot hält, noch leben (III,1). Er hat dem alten Vater, den Franz in dem Verlies des alten Schlosses verhungern lassen will, heimlich Nahrung gebracht. Damit hat er sich allmählich von dem schlechten Einfluß des verbrecherischen Franz befreit, ist wieder ein sittlich handelnder Mensch geworden und hat gezeigt, daß ein guter Kern in ihm steckt. Schiller hat diesen Bastard in seiner Mischung von Gut und Böse anschaulich und lebenswahr geschildert.

Der Pater

Der katholische Pater, der (II,3) die Räuber zum Abfall von ihrem Hauptmann zu bewegen sucht, ist von Schiller als scheinheiliger, heuchlerischer und unduldsamer Pfaffe gezeichnet, der, liebedienerisch gegen seine ungerechte Obrigkeit, die Räuber einschüchtern will. Treffend geißelt Karl Moor die pfäffische Scheinheiligkeit mit folgenden Worten: „Da donnern sie Sanftmut und Duldung aus ihren Wolken und bringen dem Gott der Liebe Menschenopfer wie einem feuerarmigen Moloch — predigen Liebe dem Nächsten und fluchen den achtzigjährigen Blinden von ihren Türen hinweg! ... O über euch Pharisäer, euch Falschmünzer der Wahrheit, auch Affen der Gottheit! Ihr scheut euch nicht, vor Kreuz und Altären zu knien, zerfleischt eure Rücken mit Riemen und foltert euer Fleisch mit Fasten; ihr wähnt, mit diesen erbärmlichen Gaukeleien demjenigen einen blauen Dunst vorzumachen, den ihr Toren doch den Allwissenden nennt." Damit wollte Schiller, der immer duldsam gegen einen verinnerlichten, in der persönlichen Herzensfrömmigkeit verankerten Katholizismus gewesen ist

(vgl. seine Maria Stuart), nur die Auswüchse heuchleri-
schen Pfaffentums treffen.

Die Räuber

a) *Spiegelberg* ist das Gegenstück zu dem edlen, offenen
und mutigen Karl, ein gemeiner Schurke, der sich nur in
widrigen Redensarten und Lästerungen sowie in tückischen
Streichen und Gewalttaten gefällt, dagegen im Augenblick
der Gefahr (II,3) sich als Feigling zeigt, wie er überhaupt ein
eitler Prahlhans ist (I,2. II,3). Aus verletzter Eitelkeit will er
Karl umbringen (I,2), aber als er sich auf den Weg macht,
ihn hinterrücks zu erschießen, wird er von Schweizer ersto-
chen (IV,5). b) Die Mehrzahl der *anderen Räuber* ist ebenso
gemein und beutegierig, nur nicht so schurkisch-genial wie
Speigelberg. Sie alle sind Räuber aus Habsucht und Mord-
lust, nicht aus so edlen Beweggründen wie Karl. — c) *Kosinsky* wird zwar ebenfalls infolge verletzten Rechts zum
Räuber, doch nur, um sich persönlich zu rächen. — d)
Schweizer und *Roller* sind zwar Räuber gewöhnlichen
Schlages, zeichnen sich aber durch treue Anhänglichkeit an
Karl und persönlichen Mut aus.

Pastor Moser

Pastor Moser, den Franz in seiner Todesstunde holen läßt
(V,1), ist das Gegenstück zum katholischen Pater. Uner-
schrocken hält er einem Herrschenden den Spiegel seiner
bösen Taten vor. Er läßt keinen Zweifel daran, daß es, im
Gegensatz zur Auffassung Franzens, einen Gott gibt. Der
Gedanke an Gott, so Moser, tritt spätestens dann auf, wenn
man sich die Gewißheit des Todes vor Augen führt. Gott
tritt in diesem Zusammenhang auch in einer bestimmten
Rolle auf: ,,Der Gedanke *Gott* weckt einen fürchterlichen
Nachbar auf, sein Name heißt *Richter*." Moser erklärt

Franz, daß der Richter Gott Brudermord und Vatermord als die schlimmsten Verbrechen ansieht und mit ewiger Verdammnis bestraft. Franz Moor, der seine Erregung über einen Traum über das Gericht Gottes durch Moser besänftigen lassen wollte, wirft Moser hinaus, weil er keine Beruhigung erlangte. Kühl kennzeichnet Moser den Zustand des Unrechtsbewußtseins und des schlechten Gewissens seines Herrn: ,,Kann das Pfaffengewäsche so einen Philosophen in Harnisch jagen? Blast es doch weg mit dem Hauch Eures Mundes!''

Vom Gang der Handlung her wirkt die Person des Pastors Moser nicht sehr glaubwürdig, denn wenn eine derart unerschrockene Person Moral predigen kann, so ist zu fragen, warum sie nicht früher eingegriffen hat. So erscheint die Figur unvermittelt wie ein ,,deus ex machina'' auf der Szene. Ihren Sinn erhält die Figur des Pastor Moser dadurch, daß Schiller die Hohlheit und das Scheitern der Ansichten Franz Moors demonstrieren will. Pastor Moser ist die Personifizierung einer gedanklichen Position.

Karl Moor — Die Verkörperung des Protestes der Jugend gegen Welt und Gesellschaft

Um das anhaltende Interesse an Schillers erstem Drama „Die Räuber" zu erklären, kann man die oben zitierte Feststellung Goethes anknüpfen, daß nämlich das Drama aus dem Geist der Jugend für die Jugend geschrieben worden ist.

In demselben Verständnis wählte die fränkische Mainmetropole Würzburg für ihre Festspiele 1983 gerade dieses Theaterstück des klassischen deutschen Autors. Im Programmheft findet der Zuschauer eine Begründung dafür, warum „Die Räuber" aktuell bleiben: man zitiert aus der „Räuber-Rede" des zeitgenössischen Autors Rolf Hochhuth:[7]

„Denn wenn *Die Räuber* Leben im Leibe haben noch nach zweihundert Jahren wie am ersten Tag, ... dann, ... deshalb, ... weil dieses Drama das Bild ist auch *unserer* Jugend, sofern die nicht schon mit einem Scheitel auf die Welt kommt vor lauter Wohlerzogenheit: *Die Räuber*, das ist *immer* die Jugend, die diesen Namen verdient — und die Büttel und die Priester und auch nur die Väter im Stück: das sind immer wir Alten, heute wie damals. Von allen Dramen Schillers ist dieses erste weniger als alle anderen durch noch so geistvolle Auslegungen zu erfassen, zu neutralisieren, zu erklären, obgleich es ja bis fast ins Jahr seiner Entstehung — Schiller war noch nicht sechzehn, als er 1775 den Stoff bekam — recherchiert und bekannt und gedeutet worden ist. Aber das Wesentliche dieser sehr großen Dichtung — daher sie nie verjähren wird — ist so unerreichbar durch Analyse wie der pubertäre Absolutismus selber, dem sie entsprang, wie einer seinem Zuchthaus entflieht! Diese Dichtung, erwachsen aus Unterdrückung, und wie verworren auch immer: sie bleibt die genialste Jünglingsleistung aller Weltliteratur ..."

,,Es ist, wir heute wie damals und immer dürfen verallgemeinern, die Klage der Jugend gegen eine Gesellschaft, die sie nicht integriert oder doch nur zu dem Preis, sich ihr anzupassen bis zur Selbstaufgabe."[8]

Wer wäre nicht auch mit Rolf Hochhuth hingerissen von der ersten Begegnung, in der Karl Moor dem Zuschauer seine Stimmung und seinen Elan unvermittelt entgegenschleudert?:

,,Mir ekelt vor diesem tintenklecksenden Säkulum, wenn ich in meinem Plutarch lese von großen Menschen . . . . . Pfui! Pfui über das schlappe Kastratenjahrhundert, zu nichts nütze, als die Taten der Vorzeit wiederzukäuen und die Helden des Altertums mit Kommentationen zu schinden und zu verhunzen mit Trauerspielen . . . . . Nein, ich mag nicht daran denken. Ich soll meinen Leib pressen in eine Schnürbrust und meinen Willen schnüren in Gesetze. Das Gesetz hat zum Schneckengang verdorben, was Adlerflug geworden wäre. Das Gesetz hat noch keinen großen Mann gebildet, aber die Freiheit brütet Kolosse und Extremitäten aus. Sie verpalisadieren sich ins Bauchfell eines Tyrannen, hofieren der Laune seines Magens und lassen sich klemmen von seinen Winden. — Ah! daß der Geist Hermanns noch in der Asche glimmte! — Stelle mich vor ein Heer Kerls wie ich, und aus Deutschland soll eine Republik werden, gegen die Rom und Sparta Nonnenklöster sein sollen. (Er wirft den Degen auf den Tisch und steht auf.)" (I, 2)

Karl Moor pocht auf seinen Anspruch auf ,,Selbstverwirklichung", wie es modern formuliert heißt.

Er zielt dabei auf die Enge einer Welt, in der alles schon bedacht und geregelt ist, für alles Gesetzes formuliert sind, alles — nun wieder modern gesprochen — ,,verbürokratisiert" ist.

War die Gesellschaft, in der Karl Moor lebte, tatsächlich von ähnlicher Art wie die heutige Gesellschaft? Von der heutigen Industrie- und Verwaltungsgesellschaft wissen wir ja, daß sie unüberschaubar geworden ist, weil sich ein Dickicht von Behörden und Vorschriften über den Bürger stülpt.

Aber trug die vorindustrielle Gesellschaft des „aufgeklärten" Absolutismus vor 200 Jahren gleichartige Züge? Die absoluten Fürsten hatten im Laufe der Jahrhunderte die Herrschaftskonkurrenz des Adels abgeschüttelt und verwalteten nunmehr ihre Länder mit Hilfe eines weitverzweigten Beamtenorganismus.

„Im absoluten Staate stand der ‚Untertan' gleichsam vom ersten bis zum letzten Atemzuge unter strengster Staatsaufsicht. Den unverfälschten Geist des fürstlichen Absolutismus spiegelt klassisch folgende fürstlich badische Hofkammerordnung wider: ‚Unsere fürstliche Hofkammer ist die natürliche Vormünderin unserer Untertanen. Ihr liegt ob, dieselbigen von Irrtümern ab und auf die rechte Bahn zu führen, auch gegen ihren Willen sie zu belehren, wie sie ihre eigene Haushaltung einrichten, ihrem Feldbau vorstehen und durch mehr wirtschaftlich betriebene Haushaltung zur Ertragung der schuldigen Landesabgaben die Mittel sich erleichtern möchten.' (Biedermann: „Deutschlands trübste Zeit".)"[9]

Bei diesem Erziehungsanspruch regelte die Regierung das Leben ihrer Untertanen auf vielfältigste Weise. So mußte man in einigen Landen alle Baumwolle aus seinem Haushalt, die Möbel eingeschlossen, entfernen. Oder der Untertan mußte einen landesherrlichen Kalender erstehen. Nahm er das Angebot nicht wahr, so drohten drakonische Strafen. Die landesherrliche „Polizei" — wie sich die Verwaltung damals nannte — setzte die Löhne für Detailarbeiten fest, schrieb vor, wie man sich zu kleiden hatte, wo welches Vieh ausgetrieben werden durfte, wer Kaffee trinken durfte und wer nicht. Uneheliche Nachkommenschaft mußte vor der Geburt angezeigt werden. Die Behörde legte fest, wer überhaupt heiraten durfte. Da wurde bestraft, wer an Sonntagen in der Kneipe sein Glas nicht „in der Stille" leerte, sondern dabei sang. Eine Buße traf den, der ohne Klopfen in die Ratsstube ging.

Ohne über Sinn und Unsinn einzelner Maßnahmen zu streiten, erkennt man, daß der absolutistische Staat viel direkter in das Leben der Untertanen eingriff als selbst eine moderne und bürokratische Gesellschaft es tut.

Waren die Lebensdispositionen im Zeitalter des Absolutismus so eng ausgelegt, so könnte Karl *von* Moor vielleicht von seinem Adelsstand Freiheiten erwarten. Aber auch als Adliger konnte Karl von Moor nicht der Verwirklichung ruhmreicher Herrschertaten entgegensehen. Schon die Winzigkeit des Moorschen Besitzes engte den Tatendrang ein und rückte als Regierungsaufgaben die Regelung des persönlichen Kaffeekonsums, die Überwachung der Kleiderordnung und der Regeln für Hochzeitsfeiern in den Vordergrund. Es ist klar, daß die Aussicht auf ein regelmäßiges, ganz alltäglichen Leben bis an das Ende seiner Tage dem jungen Karl nichts als unsägliche Langeweile versprach und seinen jugendlichen Tatendrang zu ersticken drohte.

Die Position eines durch Erbrecht bestallten Gutsverwalters garantiert zwar ein gewisses Wohlleben. Die Aussicht auf diese Position verlangt aber auch Wohlverhalten und frühzeitige Anpassung an den vorbestimmten Status.

Auf der ganzen Linie also sah Karl Moor seinen Lebensweg eingeengt und durch gesellschaftliche Vorschriften und Konventionen vorgezeichnet.

Schiller hat diese Welt der ausgefeilten Gesetze nicht ausdrücklich und bildhaft geschildert. Aber sie sind jedem Zuschauer der damaligen Zeit geläufig. Schiller selbst hat ein penibles Reglement während seiner gesamten Schulzeit erfahren (s. u. S. 32 ff.).

Da die gesellschaftlichen Rahmenbedingungen damals und heute vergleichbare Züge aufweisen, kann man in dem Protestgebaren Karl Moors allgemeine — immer noch „moderne" — Verhaltensweisen der Jugend studieren:

Der Protest gegen die veraltete Welt des Absolutismus wird nicht intellektuell überlegen hervorgebracht, sondern Karl Moor wird vom Gefühl des Protestes mitgerissen. Er poltert geradezu gegen die festgefügte Ordnung und bedient sich einer Sprache, die nicht in feine Häuser paßt. Karl Moor tritt als „Grobian" auf.[10]

Auch hier schwingt allgemein-jugendliches Aufbegehren mit, empfindet sich doch der junge Mensch mehr als einmal als Märtyrer der ihn nicht verstehenden Umwelt. Gegen die Zwänge der Erwachsenenwelt setzt er — zumindest in seinen Gedanken und Träumen — sich selbst als Helden, der die Widerstände überwindet und überdies die Welt neu regelt.

Ein Mittel, aus den Zwängen einer geregelten Welt herauszutreten, ist der Rückzug aus ihr und die Bildung eigener Sozialbindungen. Immer schon haben Jugendliche Banden und Gangs gebildet. Bei den sogenannten Naturvölkern war die relativ unabhängige Gleichaltrigengruppe sogar institutionalisiert, in der heutigen Zeit eskaliert die Bandenbildung bis zu kriminellen Vereinigungen im Rocker- und Popper-Milieu.

Wieder finden wir im Verhalten Karl Moors eine Parallele zu jugendlichen Verhaltensweisen: Karl Moor wählt als Plattform seines Protestes eine Räuberbande. Seine Entscheidung für das Räuberdasein zeigt noch einmal die Emphase jugendlicher Protestsprache und das kraftmeiernde Heldenbewußtsein, das die jungen Menschen bewegt:

,,. . . was für ein Tor ich war, daß ich ins Käficht zurückwollte! — Mein Geist dürstet nach Taten, mein Atem nach Freiheit — *Mörder, Räuber!* — mit diesem Wort war das Gesetz unter meine Füße gerollt — Menschen haben Menschheit vor mir verborgen, da ich an Menschheit appellierte, weg dann von mir Sympathie und menschliche Schonung! — Ich habe keinen Vater mehr, ich habe keine Liebe mehr, und Blut und Tod soll mich vergessen lehren, daß mir jemals etwas teuer war!'' (I,2)

Eine solche Bande kann für die Umwelt der Schrecken selbst sein. Untereinander aber gelten für die Bandenmitglieder die Regeln der Anständigkeit, der gegenseitigen Treue und der Hilfestellung bei Gefahr. Auch die Schillerschen Räuber schwören sich gegenseitige, unbedingte Treue:

,,Alle *(geben ihm die Hand)*. Wir schwören dir Treu und Gehorsam bis in den Tod!
Moor. Nun, und bei dieser männlichen Rechte! schwör ich euch hier, treu und standhaft euer Hauptmann zu bleiben bis in den Tod! Den soll dieser Arm gleich zur Leiche machen, der jemals zagt oder zweifelt oder zurücktritt! Ein Gleiches widerfahre mir von jedem unter euch, wenn ich meinen Schwur verletze! . . ." (I, 2)
Die gegenseitige Verbundenheit erhebt einen Absolutheitsanspruch, so daß Amalie, als sie am Schluß des Dramas endlich bereit ist, Moor als Räuberbraut zu folgen, nicht in die Bande aufgenommen werden kann. In diesem — wenn auch bis zu einer unsinnigen Konsequenz getriebenen — Moralkodex scheinen allgemein positive Werte durch.
Ein positives Wortbewußtsein zeigt sich auch in der Art, in der Jugendliche Wertbegriffe verstehen und anwenden:
Junge Menschen denken Vorstellungen von Anständigkeit, Gerechtigkeit und Gleichbehandlung grundsätzlich und fordern ihre unbedingte Einlösung. ,,Die politischen Instinkte und Ideen der Jugend sind nicht an der vollen Berührung mit der Wirklichkeit entwickelt und nicht an der Wirklichkeit erprobt."[11] Zu Schillers Zeiten genauso so wie heute vermuteten kritische Bürger und welche, die einen radikalen Gerechtigkeitssinn vertraten, daß allein die Nähe der Macht, noch viel mehr die Ausübung von Staatsmacht zur Beugung von Wahrheit und Werten führten. Die Wahrheitsvermutung liegt bei den Verfolgten und Unterdrückten, den Herrschenden obliegt es, ihr Handeln zu rechtfertigen.[12]
Aus diesem Rigorismus erwächst ein "Ethos ,Weltreform' "[13], das für die Verwirklichung seiner Ideale auch antisoziales Verhalten in Kauf nimmt. Nicht von ungefähr weist Spranger bei seinen Beobachtungen jugendlicher Psychologie auf das Beispiel Karl Moors und der ,,Räuber" von Schiller.[14]
Auch Karl Moor hat trotz der Überwechselung in ein kriminelles Milieu den absoluten Gerechtigkeitsbezug seines Pro-

testes gegen die Erwachsenenwelt nicht verloren. Die Idee einer neuen Gesellschaft bleibt ihm auch als Räuber erhalten. So läßt er sich doch nicht von dem ursprünglich verkündeten Leitsatz „der am wildesten sengt, am gräßlichsten mordet ... soll königlich belohnet werden" (I, 2) leiten. So wie er in seinen Streichen letztlich doch an die Schwachen dachte*, so dient sein Räubertum dazu, den Unterdrückten und sozial Schwachen zu helfen und die korrupte und ungerechte Obrigkeit zu strafen. Der Räuber Razmann faßt einmal die Taten seines Hauptmanns wie folgt zusammen:

„Er mordet nicht um des Raubes willen wie wir — nach dem Geld schien er nicht mehr zu fragen, sobald ers vollauf haben konnte, und selbst ein Dritteil an der Beute, das ihn von Rechts wegen trifft, verschenkt er an Waisenkinder, oder läßt damit arme Jungen von Hoffnung studieren. Aber soll er dir einen Landjunker schröpfen, der seine Bauern wie das Vieh abschindet, oder einen Schurken mit goldnen Borten unter den Hammer kriegen, der die Gesetze falschmünzt, und das Auge der Gerechtigkeit übersilbert, oder sonst ein Herrchen von dem Gelichter — Kerl! da ist er dir in seinem Element, und haust teufelmäßig, als wenn jede Faser an ihm eine Furie wäre." (II, 3)

Wie polternd und schockierend Karl Moor auf den — erwachsenen — Zuschauer eindringt, so gibt es doch eine Reihe sympathischer Züge an ihm zu entdecken. Und in der Tat, von Anfang an — auch als andere über ihn berichten — stellt Schiller Karl Moor als einen sympathischen Jungen dar.
Zu den körperlichen Vorzügen tritt ein feuriger Geist, der sich in furchtlosen und tapferen Taten Ausdruck verschafft. Tollkühn ist dieser Karl Moor, er riskiert etwas. Er schlägt

---

* „Diese Offenheit, die seine Seele auf dem Auge spiegelt, diese Weichheit des Gefühls, die ihm bei jedem Leiden in weinende Sympathie dahinschmelzt" (I, 1).

schon manchmal über die Stränge, aber er hat auch ein Herz
für die Armen und zeigt Mitleid für die Schwachen:
Karl war sich nicht zu schade, „mit Gassenjungen und elen-
dem Gesindel" zu verkehren, und er warf die „Pfennige",
die er vom Vater erhielt, „dem ersten dem besten Bettler in
den Hut" (I,1).
Die Streiche, die Karl Moor als Student verübt, sind keine
Lappalien, im Gegenteil: sie zeigen Größe und einen Hang
zum Heldentum, das sich an dem englischen Volksheld Robin Hood orientiert. Man denke an die Posse, als er das
Fleisch in einer Stadt wie Leipzig aufkaufen ließ und schließlich an die Armen verteilte (vgl. I,2).
Die Streiche verraten nicht nur jugendlichen Übermut, sie
üben auch Sozialkritik. Sie legen die Heuchelei eines ganzen
Berufsstandes — der Ärzte — bloß und machen den Rat der
Stadt Leipzig lächerlich. Gilt es, Sozialkritik zu üben, so
scheut Karl Moor auch nicht davor zurück, die Angepran-
gerten zu verletzen. Karl Moor könnte sehr wohl als Vorlage
für einen Filmheld dienen. Es ist kein Wunder, daß in Schillers Stück alle edlen Menschen diesen Jean-Paul-Belmondo-
Typ gern haben:
„Franz. Das weiß ich wohl. Das ist es ja, was ich eben
sagte. Der feurige Geist, der in dem Buben lodert, sagtet Ihr
immer, der ihn für jeden Reiz von Größe und Schönheit so
empfindlich macht; diese Offenheit, die seine Seele auf dem
Auge spiegelt, diese Weichheit des Gefühls, die ihn bei jedem Leiden in weinende Sympathie dahinschmelzt, dieser
männliche Mut, der ihn auf den Wipfel hundertjähriger Eichen treibet und über Gräber und Palisaden und reißende
Flüsse jagt, dieser kindische Ehrgeiz, dieser unüberwindliche Starrsinn und alle diese schöne, glänzende Tugenden,
die im Vatersöhnchen keimten, werden ihn dereinst zu einem warmen Freund eines Freundes, zu einem trefflichen
Bürger, zu einem Helden, zu einem *großen, großen* Manne
machen — ..." (I,1)
Mit diesen Worten charakterisiert der Bösewicht Franz seinen Bruder und zählt diejenigen Charaktermerkmale auf, mit

denen auch heute noch tolle Kerle gekennzeichnet werden:[15]

„Der Junge ist nicht sonderlich hübsch, oft sogar ausgesprochen häßlich, macht manchmal einen unordentlichen, ungepflegten Eindruck und geht mit seinen Kleidern nicht gerade sorgfällig um — aber keiner nimmt ihm das übel. Er tritt selbstbewußt auf, ist wild und übermütig, mutig bis tollkühn. Er sucht und besteht Abenteuer und bewährt sich in gefährlichen Situationen als rettender Helfer ... Er hat manchmal Kontaktschwierigkeiten, ist öfter ablehnend als liebevoll zugewandt eingestellt und verhält sich relativ häufig aufsässig, frech und ungezogen. Seine Aktivitäten sind vielseitig, oft durch den Einsatz physicher Kraft gekennzeichnet ...''

Die Figur Karl Moors läßt sich gut in dem Sinne erläutern, daß er einem jungen Menschen Stimme und Tatkraft verleiht, der angesichts der schulmäßigen Vorführungen der ‚großen Welt' und der ‚großen Taten' endlich aus der Spielsituation, aus dem Als-Ob-Leben hinaustritt. Angesichts des Schneckengangs der Behörde, angesichts der allgegenwärtigen Bevormundungen und angesichts der Schlechtigkeiten in der Welt kann dabei die Wahl der Mittel nicht immer einfach und eindeutig sein ... Eines aber bleibt bei allem Wechsel der Ereignisse klar: Hinter einer rauhen Schale steckt ein guter Kerl.

Franz Moor —
Sinnbild eines bösen Herrschers

In das Bild des Protestes gegen die Gesellschaft der etablierten Kräfte paßt die Figur von Karls Widersacher Franz Moor. Dieser feine Bruder verkörpert einen jener Zeitgenossen, die durch Intrigen und Verbrechen an die Macht gekommen sind und gegen die sich der junge Schiller auch noch in seinem Stück „Kabale und Liebe" wenden wird. Schiller gestaltet Franz Moor zu einem Sinnbild böser Herrschaft: Schon die bucklige Gestalt läßt Unheil ahnen, desgleichen die Lappländernase und der Hottentottenmund. Zu den äußerlichen Unheilzeichen gesellt sich ein hinterhältiger Charakter, der seine Mitmenschen arglistig täuscht. So spielt er den Korrekten und den Frommen, entrüstet sich über Karl und besucht die Kirche. Damit täuscht er seinen Vater über seine wahren Absichten. Eine erschlichene Vollmacht, die sich auf die briefliche Androhung von Konsequenzen für den Fall bezieht, daß Karl seinen lockeren Lebenswandel nicht aufgibt, nutzt Franz zur Enterbung des Bruders (vgl. I, 1). Anschließend läßt er durch einen angeblichen Soldaten vorspielen, daß Karl Moor in der Schlacht von Prag gefallen sei. Als er im Besitz der Macht ist, läßt Franz die Maske fallen: Er herrscht mit harter Hand, seine Gesinnung zielt auf die Quälerei der Untertanen:

„. . . Weg dann mit dieser lästigen lästigen Larve von Sanftmut und Tugend! Nun sollt ihr den nackten Franz sehen, und euch entsetzen! Mein Vater überzuckerte seine Forderungen, schuf sein Gebiet zu einem Familienzirkel um, saß liebreich lächelnd am Tor, und grüßte sie Brüder und Kinder.
— Meine Augbraunen sollen über euch herhangen wie Gewitterwolken, mein herrischer Name schweben wie ein drohender Komet über diesen Gebirgen, meine Stirne soll euer Wetterglas sein! Er streichelte und koste den Nacken, der gegen ihn störrig zurückschlug. Streicheln und Kosen ist meine Sache nicht. Ich will euch die zackigte Sporen ins Fleisch hauen, und die scharfe Geißel versuchen. — In mei-

nem Gebiet solls so weit kommen, daß Kartoffeln und Dünnbier ein Traktament für Festtage werden, und wehe dem, der mir mit vollen, feurigen Backen unter die Augen tritt! Blässe der Armut und sklavische Furcht sind meine Leibfarbe: in diese Livrei will ich euch kleiden! *Er geht ab.)"* (II,2)

Er will überdies nicht nur die Macht von seinem Bruder, sondern er will auch dessen Nachfolge als Gemahl antreten. Seine begehrlichen Blicke richten sich auf Amalia,. die mit Karl verlobt war. Franz erfindet sogar eine Lügengeschichte, nach der Karl seinem Bruder das Schicksal Amalias für den Fall seines Todes in die Hand legte. (vgl. I,3)

Bei Amalia allerdings stößt Franz zum ersten Mal an seine Grenzen. Amalia bleibt standhaft, und als es ihr gelingt, eines Säbels habhaft zu werden, den sie gegen Franz richtet, zieht sich das Ungeheuer zurück. (vgl. III,1)

Diese Szene offenbart einen weiteren Charakterzug des Herrschers Franz: Er ist feige und scheut den offenen Kampf. Schon um seinen Vater umzubringen, greift er nicht zur Waffe, sondern berechnet die tödliche Wirkung von psychischen Streßsituationen. Die Nachricht von Karls Tod, bei der sich im alten Moor Schreck, Trauer und Reue verbinden, soll die tödliche Streßdosis bewirken (S. u. S. 79ff.). Als der Plan mißlingt, delegiert er die Tötung unter Zwang auf den alten Diener Daniel.

Auch in der Schlußphase der Auseinandersetzung mit seinem Bruder schreckt er vor dem offenen Kampf zurück. Er will sich lieber durch Selbstmord der Verantwortung entziehen. Wieder soll der alte Daniel helfen und ihn durchbohren. Als der Diener ablehnt, erdrosselt sich Franz mit einer Kordel. (vgl. V,1)

So abscheulich Franzens Taten sein mögen: auch im Vergleich zu den Räuberstreichen Karls entbehren sie nicht der Größe. Franz versteht es, über lange Zeiträume hinweg zu planen. Er wischt die heiligen Regeln der Vater- und Bruderliebe entschieden beiseite:

,,Ich habe Langes und Breites von einer sogenannten *Blut-liebe* schwatzen gehört, das einem ordentlichen Hausmann den Kopf heiß machen könnte — Das ist dein Bruder! — das ist verdolmetscht: Er ist aus eben dem Ofen geschossen worden, aus dem du geschossen bist — also sei er dir heilig! — Merkt doch einmal diese verzwickte Konsequenzen, diesen possierlichen Schluß von der Nachbarschaft der Leiber auf die Harmonie der Geister, von ebenderselben Heimat zu ebenderselben Empfindung, von einerlei Kost zu einerlei Neigung. Aber weiter — es ist dein Vater! Er hat dir das Leben gegeben, du bist sein Fleisch, sein Blut — also sei er dir heilig. Wiederum eine schlaue Konsequenz! Ich möchte doch fragen, *warum* hat er mich gemacht? Doch wohl nicht gar aus Liebe zu mir, der erst ein *Ich* werden sollte? Hat er mich gekannt, ehe er mich machte? Oder hat er mich gedacht, wie er mich machte? Oder hat er *mich* gewünscht, da er mich machte? Wußte er, was ich werden würde? Das wollt ich ihm nicht raten, sonst möcht ich ihn dafür strafen, daß er mich doch gemacht hat! Kann ichs ihm Dank wissen, daß ich ein Mann wurde? So wenig, als ich ihn verklagen könnte, wenn er ein Weib aus mir gemacht hätte. Kann ich eine Liebe erkennen, die sich nicht auf Achtung gegen mein Selbst gründet? Konnte Achtung gegen mein Selbst vorhanden sein, das erst dardurch entstehen sollte, davon es die Voraussetzung sein muß? Wo stickt dann nun das *Heilige*? Etwa im Aktus selber, durch den ich entstund? — Als wenn dieser etwas mehr wäre als viehischer Prozeß zur Stillung viehischer Begierden! Oder stickt es vielleicht im Resultat dieses Aktus, der noch nichts ist als eiserne Notwendigkeit, die man so gern wegwünschte, wenns nicht auf Unkosten von Fleisch und Blut geschehn müßte? Soll ich ihm etwa darum gute Worte geben, daß er mich liebt? Das ist eine Eitelkeit von ihm, die Schoßsünde aller Künstler, die sich in ihrem Werk kokettieren, wär es auch noch so häßlich. — Sehet also, das ist die ganze Hexerei, die ihr in einen *heiligen Nebel* verschleiert, unsre Furchtsamkeit zu mißbrauchen. Soll auch ich mich dadurch gängeln lassen wie einen Knaben?'' (I,1)

Franzens derbe Worte stehen in keiner Weise hinter der rüden Tonart seines polternden und kraftmeiernden Bruders zurück. Durch die radikale Denkweise entlastet Franz sein Gewissen, um eine mit den überlieferten Herrschaftsbefugnissen ausgestattete Machtposition zu gewinnen:

,,Frisch also! mutig ans Werk! Ich will alles um mich her ausrotten, was mich einschränkt, daß ich nicht *Herr* bin.'' (I,1)

Mit diesen Worten beschließt Franz seine Überlegungen zur Unmöglichkeit der ,Blutliebe'. Franz Moor genießt Macht.

Schiller hat mit der Darstellung der Verkündung der Mißachtung sittlicher Grundlagen im Zusammenleben der Menschen durch Franz noch einmal Fürstenschelte betrieben: Gab es doch genügend Fürsten in Deutschland, deren Lebenswandel ganz unbekümmert an den sittlichen Grundhaltungen der Bürger vorbei erfolgte. Auch der Württembergische Herzog Karl Eugen durchlebte sehr, sehr wilde Jahre und schuf Einrichtungen, um seinen Lüsten zu frönen.

Franz Moor scheint in der Tat die passende Kontrastfolie für einen revolutionären Helden zu sein.

Die populäre Biographische Interpretation: „Die Räuber" als Sinnbild für Schillers ‚bedrängte' Jugend

Franz Moor als das künstlerisch gestaltete Sinnbild absolutistischer Mißherrschaft und Karl Moor als der literarisch gefaßte Protest der Jugend gegen die Unterdrückung — diese Deutungen bilden den ersten unmittelbaren Zugang des heutigen Lesers zu Schillers Stück „Die Räuber".

Karl Moor personifiziert den gefühlsdurchdrungenen, spontanen Protest gegen die reglementierte Erwachsenenwelt und gegen die im Namen und im Schatten der Gesetze mögliche Mißherrschaft. Erscheint nicht auch der junge Dichter selber aufgrund seiner ‚militärischen' Schulzeit als ein Autor, der mit dem auf der Akademie entstandenen Theaterstück seinen eigenen Protest spontan und genialisch in die Welt hinausschreit?

War nicht Schiller schließlich vor dem württembergischen Herzog Karl Eugen geflohen, weil dieser dem Autor der „Räuber" das Schriftstellern untersagt hatte?

Die Lebensgeschichte des jungen Schiller bietet eine Reihe von Anhaltspunkten dafür, daß aus Karl Moor der Freiheitsdrang des Autors selber spricht. Deshalb haben viele und populäre Interpreten die literarische Aussage der „Räuber" biographisch gedeutet. Ihr Tenor zu Schillers frühen Lebensjahren lautet allgemein, daß der Autor bis zu dem Moment eine besonnte Jugend genießen konnte, als der Herzog den Sohn seines Offiziers Casper Friedrich Schiller zur Militärakademie ‚einzog' und bestimmte, daß der junge Friedrich Jura studieren wollte. Schubart, der kritische Dichter, den der Herzog wegen unverhüllter und unverschämter Äußerungen über seine Mätresse jahrelang auf dem Hohen Asperg gefangen hielt — Schubart hatte für die Militärakademie das Etikett „Sklavenplantage" geprägt. Von dieser Charakterisierung nährten sich viele populäre

Darstellungen von Schillers Jugend. Statt vieler Zitate sei die Beschreibung angeführt, die Arthur Kutscher in der Einleitung zu seiner populären 15-bändigen Ausgabe der Werke Schillers 1909 über die Erziehung auf der Karlschule ausführte:[16]

,,Die Familie sollte ersetzt werden durch die Gemeinschaft der Schule. Und wie die Zöglinge aus der Verwandtschaft herausgenommen wurden, so wurden sie für die Erziehungsjahre auch überhaupt aus dem Leben herausgenommen und interniert zu ungestörter Entwicklung. Der Staat als Endzweck steht dahinter und ein entsprechendes Beamtentum. Die Bestrebungen des Herzogs Karl Eugen wollten im besonderen willenlose, mechanische Kräfte erzeugen, die keinerlei Selbstzweck beanspruchen ..."

Noch stärker hebt Kutscher die Abhängigkeit Schillers hervor, als dieser durch Literatur und staatstheoretische Schriften der Zeit in die Lage versetzt wird, Vergleiche anzustellen: ,,Wie mußte er jetzt die sklavenhafte Behandlung und unwürdige Zucht empfinden, in der er seine Tage, vielleicht sein Leben zu verbringen hatte!"[17]

In der Tat unterzeichneten Schillers Eltern nachträglich 1774 eine Verpflichtungserklärung, deren Wortlaut die Verpflichtungen einseitig auf Seiten des Zöglings festschrieb:

,,Nachdem es Seiner regierenden Herzoglichen Durchlaucht zu Würtemberg gnädigst gefällig gewesen unsern Sohn Johann Chrostoph Friedrich Schiller in die Herzogliche Militär-Akademie zu unserer unterthänigsten Danksagung in Gnaden aufzunehmen, nach den Grundgesetzen dieses Herzoglichen Instituts aber erforderlich wird, daß ein dahin eintretender Elev sich gänzlich den Diensten des Herzoglichen Würtembergischen Hauses widme, und ohne darüber zu erhaltende gnädigste Erlaubnis aus demselben zu tretten nicht befügt seyn, auch hierüber von beederseitigen Aeltern ein Revers ausgestellt werde; so ... versprechen wir, daß obbenannter unser Sohn dieser Einrichtung so wohl, als allen übrigen Gesetzen und Anordnungen des Instituts auf das genaueste nachzuleben geflissen sein wird ..."[18]

Der Herzog persönlich korrigierte die Schulordnung und schrieb somit auch das Auftreten und den Tagesablauf der Zöglinge vor. Bis ins Einzelne gingen die Anordnungen. Nicht nur die Parade-Uniform, sondern das Nachthemd und die Zahl der Schnupftücher waren festgelegt. Alle Schüler hatten gleich militärisch auszusehen und waren zum Zopftragen verpflichtet. Per Formularvordruck wurde der Herzog täglich über alle Schüler und alle wichtigen Ereignisse auf dem laufenden gehalten, und nicht selten erschien Carl Eugen in der Schule, um zu kontrollieren und zu regeln.

„Beaufsichtigung, Vorschrift und Kommando waren die bewegenden Kräfte des Lebens in der Anstalt."[19]

Mit dieser eingängigen Kurzformel brachte der Lehrer und Schulrat Otto Lyon in einer um die Jahrhundertwende häufig aufgelegten Darstellung die Situation des jungen Schiller seinen Schülern nahe.

Noch schärfer beurteilte der einstige Literaturpapst der Sozialdemokraten, Franz Mehring, in seiner zum 100. Todestag des Dichters 1905 erschienenen Biographie „Schiller, ein Lebensbild für deutsche Arbeiter" den „Zwang der Schule" (Lyon):

„Hündische Kriecherei vor dem Herzoge war das belebende Prinzip der Anstalt, und an ihr tobte er nun seine despotischen Narreteien in dem Maße aus, wie sie ihm sonst eingeschränkt worden waren.

So auch preßte er die Zöglinge, wie ehedem die Rekruten im Siebenjährigen Kriege, und unter den Opfern, die er gewaltsam dem Schoß ihrer Familie entriß, befand sich der dreizehnjährige Friedrich Schiller. Vergebens protestierte der Vater unter Berufung darauf, daß sein Sohn den geistlichen Beruf zu erwählen gedächte und eine Theologische Fakultät an der Militärakademie nicht bestände; er wurde mit dem Bemerken abgewiesen, daß der Knabe dann Rechtswissenschaft studieren könnte. Als herzoglicher Offizier mußte sich der Vater schließlich fügen und durfte noch froh sein, daß der Herzog versprach, den gezwungenen Zögling nach dem Austritt aus der Akademie besser zu versorgen, als es

im geistlichen Stande möglich sein würde. Am 16. Januar
1772 wanderte der junge Schiller in die Karlsschule, und erst
acht Jahre später, gegen Ende des Jahres 1780, hat er sie
verlassen."[20]

Da nach Mehring die Schule nur seichte geistige Kost bot
und die Schüler geistig verkümmern ließ, ist es nicht ver-
wunderlich, daß alle Bedrückungen zusammen eine „Gä-
rung" im jungen Dichter hervorbrachten," die endlich in voller elementarer Gewalt in seinen Räubern hervorbrach."[21]

„Da er noch nichts als Unterdrückung erlebt hatte, war seine Welt so einfach ... und ... um so hinreißender in dem
Pathos der sittlichen Entrüstung. Hier das Gesetz, Despotis-
mus, Unsittlichkeit, Verkümmerung; dort Freiheit, Natur,
Schwärmerei des Herzens und Kraft."[22]

Karl Moor also — so kann man nach der Lektüre so ver-
schiedenartiger Interpreten sagen — Karl Moor vollzieht
stellvertretend für den Autor und dessen Mitschüler die Re-
volte. Ausgehend von den Erlebnissen des Kadavergehor-
sams scheint für den Ausdruck von Schillers Freiheitsdrän-
gen das Leipziger Studentenmilieu gerade angemessen zu
sein. Die Flucht aus der reglementierten Welt in die Räuber-
freiheit der Böhmischen Wälder: das ist die dem jungen
Menschen einzig mögliche Reaktion:

„Nein, ich mag nicht daran denken. Ich soll meinen Leib
pressen in eine Schnürbrust und meinen Willen schnüren in
Gesetze. Das Gesetz hat zum Schneckengang verdorben,
was Adlerflug geworden wäre. Das Gesetz hat noch keinen
großen Mann gebildet, aber die Freiheit brütet Kolosse und
Extremitäten aus." (I, 2)

Es klingt plausibel, wenn Autoritäten der Literaturszene
Schillers „Räuber" als spontanen Aufschrei in einer
Zwangssituation bewerten und deshalb mehr „Talent" als
„Bildungsreife" (Goethe, s. o. S. 8) erkennen, wenn sie im
Schaffensprozeß „keine einheitliche Schöpfung" sehen,
sondern den unmittelbaren Ausdruck einer unter Spannung
stehenden Seele, so daß für das Drama die „einzelnen Sze-
nen entstanden, wie sie dem Dichter aufgingen".[23]

Nun gehört es aber zum Geschäft des literarischen Schaffens, Eindrücke zu vermitteln und Welten zu projizieren. Je überzeugender der Schein der Spontanität in einer literarischen Schöpfung, um so gelungener hat der Autor sein literarisches Handwerkszeug gehandhabt. Forschende Beobachtung muß also die ,,Schein''-Welt des literarischen Textes hinterfragen. Dann erst werden Handwerkszeug und Werkstoff des Dichters offenbar.

Das Umfeld der literarischen Mode

Die Flucht vor der Gesellschaft und der Kampf gegen tyran-
nische Lebensverhältnisse sind keine Schillerschen Eigen-
tümlichkeiten. Diese Verhaltenweisen waren unter der intel-
lektuellen Jugend seiner Zeit ,,in''. Schiller konnte bei der
Gestaltung seiner Heldenfigur Karl Moor auf die literarische
Strömung des ,,Sturm und Drang'' zurückgreifen. Im Rahmen dieser Bewegung hatten ,,Genies'' wie der junge
Goethe, Klinger, Leisewitz, Wagner und Maler Müller ähnliche literarische Typen geschaffen — und auch selbst in der
einen oder anderen Form ihren Protest gegen die verwaltete
Welt und gegen die Herrschaft von kleinlichen Verhältnis-
sen und Korruption ausgelebt.
Die Zielrichtung der Genies ging aber nicht einfach gegen
politische Herrschaft, sondern gegen die Beachtung von
Regeln schlechthin. Die Herrschaft der Vernunft und des
Wohlgeordneten, wie sie die Verwaltung des abolutisti-
schen Staates und die rationalen Gedankengebäude der
Aufklärung hervorbrachten, schufen zwar für alles und jedes Vorschriften und Erklärungen, unterdrückten aber das
Gefühl und spontane Regungen. Dagegen erhoben sich junge Dichter, Studenten meist, die aus Pastorenhäusern oder
aus dem Kleinbürgertum stammten.
,,Auch die deutsche Geniebewegung war von dem Willen
beseelt, das ganze Leben zu erneuern. Sie stürmte gegen
das verlogene Zeremoniell der Rokokokultur wie gegen die
unwürdigen sozialen und politischen Zustände an. Man ver-
achtete die Mode, verstieß absichtlich gegen die Etikette
und gefiel sich in einer gern zur Schau getragenen, übertrie-
benen Formlosigkeit. Mochte es lächerlich wirken, mit wal-
lendem Haar und nackter Brust zu erscheinen, mochte es
gegen die Sitte verstoßen, in die zum Baden einladenden
frischen Wasser zu springen, mochte es als Schrulle gelten,
in Sturm und Wetter die Natur zu durchwandern oder sich
mit Schlittschuhen auf die schimmernde Eisfläche hinauszu-

wagen: die jungen Genies fühlten sich unendlich wohl dabei. Der Mensch sollte wieder als Mensch zur Geltung kommen, nicht nach der Schablone gesellschaftlicher Unterscheidungen gewertet werden. Deshalb hatten die Standesgegensätze zu fallen."[24]

In der Protesthaltung entfaltete sich ein unerhörtes Selbstbewußtsein. Man wollte keine Grenzen mehr akzeptieren, betrachtete die Welt mit einem „Feuerblick" und gab sich einem überschwenglichen Kraftgefühl hin. Unschwer läßt sich in den Äußerungen und Taten Karl Moors das überschwengliche Kraftgefühl nachweisen, das die Lehrautoritäten verachtet und keine Grenzen mehr akzeptiert:

„Da krabbeln sie nun wie die Ratten auf der Keule des Herkules und studieren sich das Mark aus dem Schädel, was das für ein Ding sei, das er in seinen Hoden geführt hat? . . . Kerls, die in Ohnmacht fallen, wenn sie einen Buben gemacht haben, kritteln über die Taktik Hannibals . . ." (I, 2)

„Da verrammeln sie sich die gesunde Natur mit abgeschmackten Konventionen, haben das Herz nicht, ein Glas zu leeren, weil sie Gesundheit dazu trinken müssen — belecken den Schuhputzer, daß er sie vertrete bei ihro Gnaden . . . ." (I, 2)

Die Helden des Sturm und Drang übertrugen die für den Bereich der Ästhetik entwickelte Bestimmung des „Genies" auf das normale Leben. Kant hat kurz nach der Epoche des Sturm und Drang das ästhetische Genie wie folgt definiert:[25]

„. . . Genie (ist): die musterhafte Orginalität der Naturangabe eines Subjekts im *freien* Gebrauch seiner Erkenntnisvermögen. Auf solche Weise ist das Produkt eines Genies . . . ein Beispiel . . ., Zwangsfreiheit von Regeln so in der Kunst auszuüben, daß diese dadurch selbst eine neue Regel bekommt . . . eine gewisse *Kühnheit* im Ausdrucke und überhaupt manche Abweichung von der gemeinen Regel steht demselben wohl an . . ."

In das Genieleben der jungen Studenten und Literaten übertragen, bedeutete die ästhetische Geniebestimmung, daß „der wertvolle Mensch das Gesetz seines Handelns in sich (trug) und [. . .] keine höhere Pflicht hatte, als sein eigenes Wesen in unbeschnittener Ganzheit zur Geltung zu bringen. Keine der überkommenen Autoritäten besaß hinfort bindende Macht mehr."[26]

Die Inanspruchnahme des Genieartigen für das eigene Handeln führte zum Glauben an einen Sonderrechtsstatus. Jakob Buckhardt hat im Rückblick auf die „Genies" der Weltgeschichte treffend jene sonderrechtliche Aura umschrieben, von der ein Genie umgeben ist:[27]

„Hierbei meldet sich dann die merkwürdige Dispensation vom gewöhnlichen Sittengesetz . . . So tritt dann der ‚Mann nach dem Herzen Gottes' auf, ein David, Kostantin, Chlodwig, welchem alle Ruchlosigkeit nachgesehen wird . . . Wer also einer Gesamtheit Größe, Macht, Glanz verschafft, dem wird das Verbrechen nachgesehen . . . Eine sekundäre Rechtfertigung der Verbrechen der großen Individuen scheint dann darin zu liegen, daß durch dieselben den Verbrechen zahlloser anderer ein Ende gemacht wird."

Nur vor dem Hintergrund dieses Geniegedankens wird der in historische Dimensionen zielende und gesetzesverachtende Tatendrang Karl Moors verständlich:

„Pfui! Pfui über das schlappe Kastratenjahrhundert, zu nichts nutze, als die Taten der Vorzeit wiederzukäuen und die Helden des Altertums mit Kommentationen zu schinden und zu verhunzen mit Trauerspielen . . .

Stelle mich vor ein Heer Kerls wie ich, und aus Deutschland soll eine Republik werden, gegen die Rom und Sparta Nonnenklöster sein sollen." (I,2)

„. . . Räuber! — mit diesem Wort war das Gesetz unter meine Füße gerollt . . ." (I,2)

Karl Moors Tatendrang und seine Inkaufnahme des Räuberstatus' paßt in das Muster, nach dem „Genies" bemessen werden. Denn dem Genie „sieht man [. . .] das offene Gewährenlassen seiner Leidenschaften nach, weil man ahnt, daß in ihm der ganze Lebensprozeß viel heftiger und gewaltiger vor sich gehe als bei den gewöhnlichen Naturen."[28]

Ohne begriffliche Überleitungen kann man mit den Bestim-

39

mungen des Historikers Jakob Buckhardt den literarischen Charakter des Karl Moor erläutern.

Schillers Figur des Karl Moor erscheint schon bei einem flüchtigen Blick auf die literarische Hauptströmung jener Zeit nicht mehr so spontan formuliert zu sein, wie es dem unbefangenen Leser vorkommen mag. Zumindest kann man sagen, daß Schillers Figur des Karl Moor der Grundhaltung und dem Ton nach im Stil der Zeit abgefaßt worden ist.

Die Zeitströmung erstreckte sich nicht nur auf Haltungen und Redensarten, sondern sie hatte auch ihre modischen Themen und Motive. Ein Standardthema der Zeit war das Motiv des Bruderkampfes. Literarisch aufbereitete Bruderkämpfe fanden sowohl in der Umgebung großer Herrscherhäuser als auch in der Enge der deutschen Kleinstaaten statt.

,,Das Motiv des liederlichen und leichtsinnigen Erben im Konflikte mit dem Vater, der verhetzt von einem frömmelnd-heuchlerischen Bruder war, wurde in der Literatur von damals bevorzugt behandelt: man sah in ihm die günstige Gelegenheit, seelische Erregungen, Reaktionen gegen den immer mehr verfallenden Stand des deutschen Kleinadels und eine gewisse Art von scheinheiligem Christentum zu schildern.''[29]

Als interessiertem literarischen Beobachter war Schiller das Motiv durchaus bekannt — und so lohnt ein Blick in die literarischen Vorlagen, aus denen Schiller dann Inspirationen für die Gestaltung der Räuber bezogen hat.

Literarische Vorlagen

Schubarts Erzählung „Zur Geschichte des menschlichen Herzens" (1775)

Schiller fand die Fabel der feindlichen Brüder zuerst — wie sein Freund Hoven berichtet — in einer Geschichte von Schubart, der sie ausdrücklich ‚einem Genie preisgab', „eine Komödie oder einen Roman daraus zu machen"[30]:

„Ein Edelmann hat zwei Söhne, Wilhelm, scheinbar fromm und tugendsam, und Karl, der durch sein Temperament in mancherlei Laster hineingerissen wird. Durch ein unglückliches Duell ist Karl gezwungen, die Akademie bei Nacht und Nebel zu verlassen. Er wird Soldat. Als er während des siebenjährigen Krieges verwundet wird, zerreißt sein zärtliches Herz, er wendet sich an den Vater, um Verzeihung zu erlangen, aber Wilhelm unterschlägt diesen Brief. Nach dem Kriege wird Karl entlassen und verdingt sich in der Nähe seiner Heimat als Knecht, wo er Gelegenheit hat, öfters unerkannt mit seinem Vater zu sprechen. Er rettet diesem das Leben, als er von Mördern überfallen wird. Es stellt sich heraus, daß jene von Wilhelm gedungen waren, um sich so in den Besitz der Güter zu setzen. Karl erlangt Verzeihung und bittet auch um Gnade für Wilhelm, der sich entfernt, ohne viel Reue zu äußern, und in einer Stadt als Haupt einer Gemeinde von religiösen Fanatikern lebt, während Karl die Güter übernimmt."[31]

Die Charaktere der beiden Brüder sind von vornherein so angelegt, daß Konflikte unausweichlich sind.

„Ein B . . . . Edelmann, der die Ruhe des Landes dem Lärm des Hofes vorzog, hatte zwei Söhne von sehr ungleichem Charakter. Wilhelm war fromm, wenigstens betete er, so oft man es haben wollte, war streng gegen sich selber und gegen andere, — wenn sie nicht gut handelten; war der

41

gehorsamste Sohn seines Vaters, der emsigste Schüler seines Hofmeisters, der ein Zelot war, und ein misantropischer Vertreter der Ordnung und Oeconomie.

Karl hingegen war völlig das Gegenteil seines Bruders. Er war offen, ohne Verstellung, voll Feuer, lustig, zuweilen unfleißig; machte seinen Eltern und seinem Lehrer durch manchen jugendlichen Streich Verdruß, und empfahl sich durch nichts, als durch seinen Kopf und sein Herz. Dies machte ihn zwar zum Liebling des Hausgesinds und des ganzen Dorfs; seine Laster aber schwärzten ihn an in den Augen seines catonischen Bruders und seines zelotischen Lehrmeisters, der oft vor Unmuth über Karls Muthwillen fast an Galle erstickte.

Beide Brüder kamen auf das Gymnasium nach B...... und ihr Charakter blieb sich gleich.

Wilhelm erhielt das Lob eines strengen Verehrers des Fleißes und der Tugend, und Karl das Zeugnis eines leichtsinnigen, schwärmenden Jünglings.

Wilhelms strenge Sitten litten auch auf der Universität keine Abänderung; aber Karls heftiges Temperament ward vom Strom ergriffen und zu manchem Laster fortgerissen."[32]

Unverkennbar gibt es eine Reihe von Ähnlichkeiten zwischen Schuberts Figuren und Schillers Dramencharakteren. Schillers Personen tragen aber noch zusätzliche Merkmale. Diese konnte Schiller vor allem in den Dramen des Sturm und Drang entdecken. Hier fanden Autoren in der Konstellation zweier feindlicher Brüder ein lohnendes Motiv, um ungeheuerliche Affekte und unsäglich Rührseliges darzustellen.

Friedrich Maximilian von Klinger (1752-1831): „Die Zwillinge"[33]
Johann Anton Leisewitz (1752-1806): „Julius von Tarent"[34]

Als 1775 der Schauspieler und Direktor des Hamburger Nationaltheaters, Schröder, einen Preis für ein „Orginalstück" aussetzte, gingen drei Stücke ein, die alle den Brudermord zum Thema hatten. *„Klingers ‚Zwillinge' gewann den Preis dadurch, ‚daß es die mächtige gewaltige Triebfeder der unentschieden gebliebenen Erstgeburt voraus hatte.' — ‚Wer beweist mir, daß ich nicht der Erstgeborene von uns Zwillingen war?'"*[35] Von diesen Gedanken bewegt, ersticht der wilde Guelfo seinen sanften Zwillingsbruder, gleichzeitig angestachelt durch Eifersucht, da die von ihm geliebte Kamilla den sanften Thronfolger Ferdinando vorzieht. Nach der Tat freilich bereut er und bietet sein eigenes Leben als Sühne für den Brudermord. Der Vater und Landesherr selbst ersticht Guelfo. Das ganze Stück hindurch ziehen sich Kraftausdrücke und Wutausbrüche, die das sowieso Ungeheuerliche des Vorgangs noch unterstreichen.

Gegenüber Klinges Stück wird das Trauerspiel *„Julius von Tarent"* von *Johann Anton Leisewitz* zurückgesetzt. Leisewitz hatte einer Begebenheit aus der Geschichte des Großherzogs Cosmus I. von Florenz und seiner Söhne Johann und Garsias eine fast identische Fabel abgewonnen. Sein Stück allerdings zeigt nicht mehr eine so eindeutige Verteilung von Gut und Böse auf die Charaktere, und es enthält eine Diskussion verschiedener Haltungen des Sturm und Drang in ihrem Verhältnis zum Gemeinwesen.

Schiller hat vor allem das Leisewitz'sche Trauerspiel gelesen, ja er soll ganze Passagen des „Julius von Tarent" auswendig gekannt haben. Die Absichten, die Schiller in seiner Version des Bruderzwistes verfolgt hat, erkennt man am besten, wenn man den Unterschied zu einigen charakteristischen Gestaltungsmomenten der literarischen Vorlagen herausarbeitet.

Sowohl Klinger als auch Leisewitz verwenden die klassische Tragödienform. Danach wird (unter anderem) die Handlung eines Stückes auf 24 Stunden komprimiert. Eine derartige Zuspitzung der dramatischen Entwicklung erfordert festgelegte Charaktere.

Die Feindschaften zwischen den jeweiligen Brüdern sind deshalb nicht nur im Rahmen des Stückes von vornherein klar. Auch die Rückblenden zeigen, daß man in den Familien gewissermaßen von der Geburt der Söhne an damit rechnete, daß die Brüder auf einen entscheidenden Konflikt zutrieben.

Guelfo und Ferdinando heißt das Brüderpaar bei Klinger, Guido und Julius in Leisewitz' Stück.

Klingers Guelfo gilt als der Zweitgeborene. Er ist der Starke und Tapfere, aber auch der Rasende und Jähzornige. Er versucht überhaupt nicht, die finsteren Charakterzüge zu bemänteln. Seine Umwelt sieht ihn sowieso nur als zu allem Bösen fähig an und beschränkt sich darauf, durch moralische Appelle ein Einsehen zu erreichen. Bei Guelfo treffen Melancholie und Verfolgungswahn, Todessehnsucht und Depression zusammen und führen ihn mit naturhaftem Zwang zum Brudermord. Guelfo hat gar nicht die Chance einer freien Entscheidung.

Ferdinando ist der Erstgeborene der Zwillinge. Er ist als Thronfolger bestimmt. Er ist sanftmütig, nimmt aber auch die materiellen Annehmlichkeiten der Thronfolgeschaft wie selbstverständlich in Anspruch. Für *Guelfo* sind vergleichsweise nur Brosamen in Aussicht. Seltsamerweise nutzt Klinger die Zurücksetzung infolge der gerade nach Minuten bestimmten Zweitgeburt nicht als Handlungsmotiv, sondern läßt Guelfo allein aufgrund einer durch das Böse fixierten Natur handeln.

In seiner tragischen Verstrickung ist Guelfo das gefesselte Sturm-und-Drang-Genie. Aufgrund der rein destruktiven Charakteranlagen stellt er aber auch das Zerrbild eines Genies dar.

44

Auch bei *Leisewitzens feindlichem Brüderpaar* spielen nicht
die sozialen Begleitumstände, sondern die natürlichen Anla-
gen die entscheidende Rolle. Guido ist der Kraftmensch, der
seine Talente ausschließlich auf dem Schlachtfeld entfaltet.
Sein Kampfesmut sucht seinesgleichen, und es ist die Ehre
des Streiters, die sein Handeln als stärkste Triebfeder vor-
wärtsdrängt. Wenn auch sein brudermörderisches Handeln
triebhaft vorbestimmt ist, so fehlen die extrem düsteren
Kraftausbrüche. Das Erscheinungsbild des Leisewitzschen
Guido ist nicht so trostlos negativ wie das seines Klinger-
schen ‚Doppelgängers'. Dieser Eindruck wird auch dadurch
hervorgerufen, daß der Kontrahent Julius nicht als makello-
ses Opfer charakterisiert wird. Sicher ist Julius der Sanfte, er
ist der rechtmäßige Thronfolger, und ihm fällt die Liebe der
schönen Blanca zu. Allerdings bewegen ihn nicht Machtposition und Sozialprestige, sondern die Liebe zu einer schönen Frau. Denn ebenso wie sich Guido gegen die gesellschaftlichen Benachteiligungen auflehnt, die durch das
Erstgeburtsrecht entstehen, enttäuscht Julius die Erwartungen, die die Gesellschaft an ihn stellt. Er bewertet sein persönliches Glück höher als alle Erfordernisse, die ein Regie-
rungsamt verlangt. Über alles setzt Julius mit einer ‚Null-
Bock-Attitüde' sein ganz persönliches Glücks- und Frei-
heitsstreben.
Den Vorhaltungen seines „reifen" Freundes Aspermonte:
„die Menschen sind nicht da, um nebeneinander zu grasen,
und ein Mann kann sich mit einem süßern Gedanken schlafen legen, als daß er satt ist — es gibt gesellschaftliche
Pflichten" — diesem ‚vernünftigen' Argument hält er entgegen, daß „kleine Begebenheiten . . . dem Manne, den sie
angehen, schätzbarer sind als eine Weltgeschichte". „Fau-
let nicht Theoderichs Hund so gut als Theoderich, obwohl
auf seinem Grabe kein verrostetes Schwert und Szepter
liegt"? (IV,2) Julius hält auch dann noch an seinem Streben
nach dem Glück im Winkel fest, als ihm bewußt gemacht
wird, daß sein Aussteigen aus der Gesellschaft den wilden
Guido zum Gewalt-Herrscher über das Volk erheben wird.

Die geliebte Blanca ist jedes Opfer, auch ,,Vater und Vaterland" wert. (IV,2)

Zeichnet Leisewitz im Guido den Kraft-Kerl des Sturm und Drang, so kritisert er in Julius die ganz und gar negativen Folgen einer übersteigerten Empfindsamkeit. Tarent war schon ein so winziger Herrschaftsbezirk, daß er sich wie ein Familienunternehmen leiten ließ. Tarent stellt einen Schonraum im politischen Kräftespiel dar, der nicht die Schreckensentscheidungen der großen Politik erfordert. Umso schwerer wiegt der Eskapismus des Julius. Die Flucht vor der staatsbürgerlichen Vernunft und Verantwortung begründet Julius mit einer erkenntnistheoretischen Haftung, die jedwede gesicherte Erkenntnis ablehnt:

,,jeder hat seine eigne Vernunft wie seinen eignen Regenbogen; ich die Vernunft der Liebe . . .
Wenn wir keinen Augenblick von Leidenschaft frei sind, und die Leidenschaften über uns herrschen, was ist der eingebildete göttliche Funken? — Da dunsten aus dem kochenden Herzen feinere und kraftlose Teile ins Gehirn und heißen Vernunft . . . ." (II,5)

Die letzten Worte sind eine Anspielung auf den französischen Philosophen Descartes (1596-1650), der sich in ähnlicher Weise eine Übermittlung vom Körperlichen zum Seelischen im Menschen vorgestellt hatte:

,,Aus dem Blut scheiden sich die feinsten, feurigsten und beweglichsten Teile aus. Sie heißen ,Lebensgeister' (spiritus animales) und bilden sozusagen das Zwischenglied zwischen Leib und Seele. Sie steigen nämlich als feiner Hauch nach den Hirnhöhlen auf und gelangen so auch zur Zirbeldrüse ,,. . . [, dem] ,Sitz der Seele' . . .''[36]

Aber was bei Descartes — zum ersten Mal in der Neuzeit — dazu dient, über Seelisches und Leibliches insgesamt ein Netz der Kausalität zu ziehen, wird von Julius als vordergründige konkrete Anschauung banalisiert und verliert so den von Descartes mitgemeinten philosophischen Sinn. Julius schließt im Gegenteil von brodelnder Flüssigkeit auf die Unmöglichkeit gültiger Erkenntnis. Der jugendliche ,Stürmer und Dränger' stellt die Vernunft — und gesellschaftliche Autorität — dadurch in Frage, daß er sich auf einen erkenntnistheoretischen Relativismus beruft. In Julius ,genialischer' Aussage ist zugleich eine ontologische Erklärung mitformuliert: Die Vernunft wird dem physiogischen Sein unterworfen. Aus dem physiologischen Sein, aus der Materie, führt keine gegliederte Ordnung zu sinnvollen Erkenntnissen, sondern es herrscht nur eine zufällige Ansammlung von herumwirbelnden Erkenntnispartikeln: ,,Da dünsten . . .''

Vernunft wird also nicht — wie bis dahin üblich — von einem übermenschlichen, vernünftigen Wesen abgeleitet, sondern gilt als Ausfluß der Materie. Materie ist das Ursprüngliche. Leisewitz weist hier auf materialistische Strömungen seiner Zeit hin. Der erkenntnistheoretische Relativismus sowie die von ihm abgeleiteten Positionen der Liebesschwärmerei der gesellschaftlichen Verweigerung entziehen sich durch die ontologische Absicherung auf komfortable Weise jeglicher Kritik. —

Trotz der grundlegenden Radikalität wirkt sich diese geistige Position nicht handlungstreibend aus. Im Ablauf der Katastrophe des Dramas bildet sie lediglich eine Facette der Gemütsverfassung des Julius.

So sehr die Empfindsamkeit und die Flucht aus der zivilisierten Welt ein Ausdruck der Zeitstimmung gegen die Vernunft und das Geregelte sind: sie bedeuten nur eine Seite des gefühlsmäßigen Protestes gegen die Lebensbeschränkungen durch die verwaltete Welt. Die andere Seite besteht in dem kraftvollen Aufbegehren. Den affektgeladenen Protest gegen die Gesetzeswelt verkörpert der Kraftmensch Guido: ,,Wer möchte nicht bersten, wenn er die untätigen Knaben in ihren Sesseln von Weisheit triefen sieht — Da schwatzen sie von Unsterblichkeit und Freiheit und von dem höchsten Gute, sehen ernsthafter aus als Marcus Porcius Cato, wenn er Bauchgrimmen hatte. Und doch hat alles das Geschwätz noch nichts gewirkt als eine sanfte Leibesbewegung des Schwätzers . . . . Und alles das wird mit Beispielen großer Männer erläutert. Aber beim Himmel, wer ein Held sein kann, wird kein Geschichtkundiger. — Allein da steht der müßige Julius im Tempel des Nachruhms, bläst den Staub von der Bildsäule Alexanders, setzt einen neuen Firnis über die Nase des Cäsars und gafft nach der Erbse des Cicero. So viel glänzende Beispiele weiß er — lägen große Keime in ihm, er wäre selbst ein Held geworden — oder er hätte sich wenigstens gehenket. — Wahrhaftig, er kann den ganzen Abend Leben und Taten lesen und doch die Nacht ruhig schlafen." (I,4)

Leisewitz hat mit diesen Aussprüchen die genialischen Wortattacken Karl Moors gegen seine tatenarme Zeit vorgeschrieben (vgl. o. S. 20).

Bei allem Tatendrang ist Guido sich stets bewußt, daß er das Recht des Kraft-Genies durchsetzen will, das sich als Ausnahmemensch über die Gesetze hinwegsetzt. Die allgemeine Ordnung der Welt bleibt, anders als beim Relativismus und Materialismus seines Bruders Julius, außer Frage: ,,was tut's, daß andere meine Grundsätze hassen — Gott sei Dank, daß ich welche habe, und daß ich sie behalten kann, wenn mich auch ein Weib streichelt und ein Teufel mir dräuet. Was wäre Guido ohne diese Stetigkeit — Macht, Stärke, Leben, lauter Schalen, die das Schicksal abschälet, wenn es will — aber mein eigentliches Selbst sind meine festen Entschließungen — und da bricht sich seine Kraft. Und warum sollte ich meine Entwürfe nicht ausführen? Gehorsam beugt sich die leblose Natur unter die Hand des Helden, und seine Plane können nur an den Planen eines andern Helden zerschellen, und ist das hier der Fall? — ein Mädchen aus den Armen eines Weichlings reißen, dessen ganze Stärke meine Tugend und das brüderliche Band ist. Sie seie mir heilig, aber beim Himmel, meine verpfändete Ehre will ich einlösen, — zwar bekomme ich durch diese Unternehmung kein Lorbeerblättchen mehr, als ich versetzte; denn ein Sieger kann aus einem Siege nicht mehr Ehre holen, als der Besiegte hat — und was hat Julius? — Doch das Erworbne erhalten ist auch Gewinn." (I,6)

Sowohl in Klingers als auch in Leisewitz' Drama bringt eine Frau den Konflikt der disharmonischen Charaktere zum Ausbruch. Die ungleichen Brüder lieben jeweils beide dieselbe Frau. Während es bei Klinger schlicht darum geht, daß der wilde Guelfo dem sanften Ferdinand die Braut neidet, fügt Leisewitz eine weitere tragische Dimension zum Konflikt der Brüder. Die von beiden beanspruchte Braut Blanca ist nicht standesgemäß. Die Liebe zu ihr bringt beide Brüder in Gegensatz zur Staatsraison, und der Fürst und Vater will deshalb auch die Mesalliance verhindern, indem er Blanca in ein Kloster sperren läßt. Der Konflikt der Brüder kulminiert in dem Augenblick, als sie versuchen, durch Brautraub die tragische Verstrickung aufzulösen.

Bei allem Subjektivismus einzelner Positionen, bei allen argumentativen Angriffen auf die verwaltete Welt und das Erstgeburtsrecht und bei allen ungeheuerlichen Attacken gegen die ewigen Normen der Familie: niemals steht die Rechtmäßigkeit der traditionellen Ordnung des Zusammenlebens und der Herrschaft außer Frage. Die alte Ordnung wird auch jeweils wiederhergestellt, indem der Übeltäter und Brudermörder Schuld bekennt und als Sühneopfer — das selbst den Tod akzeptiert hat — gerichtet wird. Der Fürst persönlich vollzieht das Todesurteil und bringt so die gegenüber der persönlichen Vaterliebe gewichtigeren Gesichtspunkte der allgemeinen staatlichen Ordnung zur Geltung. Die Fabel der feindlichen Brüder beschreibt zwar ungeheuerliche und eregende Momente, dem Sinngehalt nach aber letzlich nur einen leicht reparablen Störfall der ‚ewigen' patriarchalischen Ordnung.

Schillers Umformung der literarischen Vorlagen

Die zitierten Passagen vor allem aus Leisewitz' Stück zeigen, daß Schiller seine „Räuber" nicht als spontanen Aufschrei einer unterdrückten Jugend verfaßt hat. Manche Passagen lassen eher den Schluß zu, daß der Student der Hohen Karlsschule seine literarischen Vorlagen sehr genau gekannt hat. Aber obwohl bisweilen die Vorlagen fast als Zitate in das Schillersche Stück Eingang gefunden haben, hat Schiller doch ein neues Stück geschrieben:

Statt statischer Handlungsordnung die Entwicklung einer (Kriminal-)Geschichte

Die seit Aristoteles klassische gewordene und durch die französischen Autoren des 17. Jahrhunderts wie Molière und Racine wiederbelebte Form der Tragödie verlangte vom Autor, die tragische Handlung an einem einzigen Ort und innerhalb eines einzigen Tages abrollen zu lassen.

Sowohl Klinger als auch Leisewitz hatten — trotz ihrer Zugehörigkeit zum konventionssprengenden Sturm und Drang — die von der Dichtungslehre geforderte Einheit der Zeit und die des Ortes gewahrt. Schiller verläßt diese Form der dramatischen Zuspitzung und präsentiert eine lockere Szenenfolge, die an den verschiedensten Orten und über einen längeren Zeitraum gestreckt das Geschehen zur Anschauung bringt. Wenn die Dramatik des Geschehens nicht auf die Entladung der Gegensätze im tragischen Augenblick setzt, sondern einen zeitlichen Spannungsbogen umschreibt, so tritt eine ganz neue Betrachtungsweise in den Ablauf des Bruderkonfliktes: die der Entwicklung.

In zweifacher Weise hat Schiller das *Gestaltungsprinzip der Entwicklung* genutzt. Zunächst hat er eine *Handlung* entworfen, die nicht mechanisch Charakterzüge zusammen-

stoßen läßt, sondern die sich Zug um Zug erst entwickelt.
Es ist ja für Karl Moor keineswegs klar, daß es zum Zusammen-
menstoß mit dem Bruder kommen muß. Die Eröffnung des
Konflikts erfolgt verdeckt und Karl Moor muß die Kampfan-
sage zunächst entschlüsseln, bevor er der Räuberhauptmann wird. Der Konflikt zielt dabei anfangs gar nicht auf einen Zusammenstoß der beiden Brüder. Erst aufgrund der
durch das parallele Schicksal des Grafen Kosinsky ausgelö-
sten Gemütsbewegung beschließt Karl, die Entscheidung
zwischen ihm und Franz herbeizuführen. So schafft Schiller
gegenüber den statischen Dramen Leisewitzens und Klingers, in denen von Anbeginn an der Ausgang außer Zweifel
steht, Momente der Ungewißheit; er bewirkt Spannung und
Tempo. Karl und Franz sind nicht nur Marionetten des
Schicksals, sondern aktive Gestalter von Intrige und Gegen-
schlag. Sie haben durchaus die Möglichkeit anderen Handelns gehabt.
So wie Schiller die Handlung entwickelt, kann man sie sogar als eine spannende Kriminalgeschichte lesen. — Das
zweite Mal verwendet Schiller das Prinzip der Entwicklung
bei der Erläuterung der Charakterzüge des Bösewichtes
Franz Moor. Wir kommen darauf zurück.

Karl Moor — Zusammenfassung der Sturm-
und-Drang-Merkmale in einem Charakter

Leisewitz wie auch Klinger haben die typischen Verhaltensweisen der Sturm-und-Drang-Genies auf zwei Personen ver-
teilt. Dem Sanftmütigen, Schwachen, Entscheidungsarmen
(Julius, Ferdinando) steht der Starke, der Tollkühne, der
Kampfesmensch (Guido, Guelfo) gegenüber.
Betrachten wir Schillers Helden:
Karl Moor poltert wie ein Kraftkerl, er fordert in seinen Reden das Jahrhundert in die Schranken und zeigt sich als toll-
kühner und zupackender Bandenchef. Er durchlebt aber
auch Momente, in denen er wehmütig reflektiert und sich

von empfindsamer Stimmung einnehmen läßt. Zu diesen aus den Vorlagen ableitbaren Eigenschaften fügt Schiller den politischen Protest, den der Sturm und Drang gegen die überkommene Gesellschaft erhob: Karl Moor will Mächtige für ihr Mißwirtschaften strafen und Mißherrschaften abschaffen.

Damit hat Schiller die Sturm-und-Drang-Eigenschaften in einer einzigen Figur verdichtet. Deshalb auch erscheint Karl Moor gegenüber den literarischen Vorbildern wie ein Titan gegenüber Menschen von schlichtem Mittelmaß.

Dabei wirken beide Stimmungslagen handlungsdynamisch. Aus der kraftstrotzenden Trotzreaktion anläßlich der Enterbung erwächst der Übertritt in den Räuberstand:

,,Ich möchte ein Bär sein, und die Bären des Nordlands wider dies mörderische Geschlecht anhetzen — Reue, und keine Gnade! — Ob ich möchte den Ozean vergiften, daß sie den Tod aus allen Quellen saufen! ..... Siehe, da fällts wie der Star von meinen Augen! was für ein Tor ich war, daß ich ins Käfsicht zurückrollte! — Mein Geist dürstet nach Taten, mein Atem nach Freiheit — *Mörder, Räuber!* ..... " (I,2)

Die wehmütige Stimmung am Donaustrand bei Sonnenuntergang liefert den Grund für die nachhaltige Wirkung, die das ähnliche Lebensschicksal des Grafen Kosinsky auf Karl Moor ausübt: Karl entschließt sich zur rächenden Rückkehr in die Moorsche Grafschaft:

,,*Moor*. Meine Unschuld! Meine Unschuld! — Seht! es ist alles hinausgegangen, sich im friedlichen Strahl des Frühlings zu sonnen — warum ich allein die Hölle saugen aus den Freuden des Himmels? — daß alles so glücklich ist, durch den Geist des Friedens alles so verschwistert! — die ganze Welt *eine* Familie und ein Vater dort oben — *Mein* Vater nicht — Ich allein der Verstoßene, ich allein ausgemustert aus den Reihen der Reinen — mir nicht der süße Name Kind — nimmer mir der Geliebten schmachtender Blick — nimmer nimmer des Busenfreundes Umarmung! *(Wild zurückfahrend.) Umlagert von Mördern — von Nattern um-*

zischt — angeschmiedet an das Laster mit eisernen Banden — hinausschwindelnd ins Grab des Verderbens auf des Lasters schwankendem Rohr — mitten in den Blumen der glücklichen Welt ein heulender Abbadona! . . . . . .
Moor (der bisher in heftigen Bewegungen hin- und hergegangen, springt rasch auf, zu den Räubern). Ich muß sie sehen. — Auf! rafft zusammen — du bleibst, Kosinsky — packt eilig zusammen!·
Die Räuber. Wohin? Was?
Moor. Wohin? wer fragt wohin? (Heftig zu Schweizern.) Verräter, du willst mich zurückhalten? Aber bei der Hoffnung des Himmels! —
Schweizer. Verräter ich? — geh in die Hölle, ich folge dir!
Moor (fällt ihm um den Hals). Bruderherz! du folgst mir — sie weint, sie vertrauert ihr Leben. Auf! Hurtig! Alle! nach Franken! in acht Tagen müssen wir dort sein. (Sie gehen ab.)" (III,2)

Statt eines unveränderlichen Charakters das „modern" dargestellte Ergebnis einer sozialpsychologischen Entwicklung: Franz Moor.

Welchen Vorbildern folgt die Gestaltung des Franz Moor, wenn Schiller mit der Konzeption Karl Moors die dramatischen Vorlagen schon erschöpft hatte? Welche Motive findet Franz für seine Intrige, wo doch die Sturm-und-Drang-Merkmale schon vergeben sind?
Das Prinzip der Entwicklung gilt nicht nur für die Gestaltung der Handlung und die Entscheidungen der handelnden Brüder. Schiller hat es auch bei der Gestaltung der Charaktere angewandt. Weniger bei Karl Moor. Seine Charakterzüge liegen noch im Rahmen der Charakterbeschreibung des Buben Karl: „Der feurige Geist, der in dem Buben lodert, sagtet Ihr immer, der ihn für jeden Reiz von Größe und Schönheit so empfindlich macht; diese Offenheit, die seine Seele auf dem Auge spiegelt, diese Weichheit des Gefühls, die ihn

bei jedem Leiden in weinende Sympathie dahinschmelzt, dieser männliche Mut, der ihn auf den Wipfel hundertjähriger Eichen treibet und über Gräber und Palisaden und reißende Flüsse jagt, dieser kindische Ehrgeiz, dieser unüberwindliche Starrsinn und alle diese schöne, glänzende Tugenden, die im Vatersöhnchen keimten, werden ihn dereinst zu einem warmen Freund eines Freundes, zu einem trefflichen Bürger, zu einem Helden, zu einem großen, großen Manne machen — ..." (so Franz über Karl I,1)

Franz Moor allerdings ist mehr als ein vom Schicksal ein für alle Mal mit bösen Charakterzügen ausgestatteter Mensch, wie es Guido und Guelfo in den Vorbilddramen waren. Zu dem gesellschaftlichen Nachteil, eben der Zweitgeborene zu sein, tritt eine Benachteiligung durch die Natur:

,,Ich habe große Rechte, über die Natur ungehalten zu sein, und bei meiner Ehre! ich will sie geltend machen. — Warum bin ich nicht der erste aus Mutterleib gekrochen? Warum nicht der einzige? Warum mußte sie mir diese Bürde von Häßlichkeit aufladen? Gerade mir? Nicht anders, als ob sie bei meiner Geburt einen Rest gesetzt hätte. Warum gerade mir die Lappländernase? Gerade mir dieses Mohrenmaul? Diese Hottentottenaugen? Wirklich, ich glaube, sie hat von allen Menschensorten das Scheußliche auf einen Haufen geworfen und mich daraus gebacken. Mord und Tod! Wer hat ihr die Vollmacht gegeben, jenem dieses zu verleihen und mir vorzuenthalten? Könnte ihr jemand darum hofieren, eh er entstund? Oder sie beleidigen, eh er selbst wurde? Warum ging sie so parteilich zu Werke? ..." (I,1)

Aus der Unterhaltung mit dem alten Grafen von Moor in der Eingangsszene geht hervor, daß Franz Moor daheim bleiben mußte, weil er körperlich benachteiligt war und deshalb nicht wie ein ‚richtiger Junge‘ herumtollen konnte. So erbaute er sich im Verbande der Familie ,,mit frommen Gebeten und heiligen Predigtbüchern" (I,1), und es wird verständlich, daß er in den Augen der Umwelt ,,der kalte, trockne, hölzerne Franz" (I,1) wurde, fade und immobil gegenüber dem ,,Universalkopf" Karl.

Um die Entwicklung des Charakters von Franz einsichtig zu gestalten, nutzt Schiller einen Ausspruch von Klingers Guelfo — den Klinger allerdings nicht in ein dynamisches dramatisches Moment einmünden ließ:

,,als Knabe ward ich in den Schatten gestellt und er ans Licht; ihm alles doppelt gegeben und mir einfach. Fein ging man mit Heuchler Jakob um und stieß den rauhen Esau weg." (Zwillinge I,2)

Nicht die angeborenen Charaktereigenschaften, sondern die Rollenerwartungen des sozialen Umfeldes drängten Franz in eine Außenseiterposition.

Man könnte einwenden, daß es unangemessen sei, Schillers Drama mit der Brille einer modernen entwicklungspsychologischen Betrachtungsweise zu besehen. Dagegen läßt sich allerdings leicht zeigen, daß eine entwicklungspsychologische Interpretation des Bösewichtes Franz durchaus im Verständnis Schillers liegt, und zwar anhand der von ihm eingehender dargestellten Entwicklung des Verbrechers Christian Wolf, genannt der Sonnenwirt, dessen Lebensgeschichte dem Dichter von seinem Lehrer Abel mitgeteilt worden war. Sein Erkenntnisinteresse an dem Lebenslauf des Räubers erläutert Schiller einleitend:

,,Warum achtet man nicht in eben dem Grade auf die Beschaffenheit und Stellung der Dinge, welche einen solchen Menschen umgaben, bis der gesammelte Zunder in seinem Inwendigen Feuer fing? ... Der Freund der Wahrheit ... sucht sie [Gründe für das menschliche Verhalten, M. H. L.] in der unveränderlichen Struktur der menschlichen Seele und in den veränderlichen Bedingungen, welche sie von außen bestimmten ..."[37]

Mit dieser Formulierung offenbart Schiller ein ganz modernes Verständnis der Charakterentwicklung. Seine Fragestellung liegt nicht weit entfernt von der Erläuterung des Psychologen Toman:[38]

,,Die Persönlichkeit und ihre Entwicklung werden von zwei großen Faktorengruppen beeinflußt: von den *biologischen* und von den *sozialen*. Zu den biologischen Faktoren, die unmittelbare und mittelbare Wirkungen auf die Persönlichkeit ausüben, gehören die Physis der Person, ihre Größe und Stärke, ihre Körperkonsitution und deren physiologische Eigenarten, ihre Sehtüchtigkeit, Hörschärfe, die Funkton ihrer endokrinen Drüsen usw., ferner die Wirkung von Drogen, von Nahrung und von Krankheiten. Zu den sozialen Faktoren gehören die Normen und Gepflogenheiten der Gruppe (Familie, Stadt, Gesellschaftsschicht, Berufsklasse, Partei usw.), zu der die Person sich zugehörig fühlt (der Gruppenkodex), sowie die Rolle, die sie in dieser Gruppe übernommen hat (abhängig von den Eltern oder Miterhalter der Familie, gesellschaftlicher Stand, Rang und Funktion im Berufsleben usw.)."

Wie die modernen Forscher hält Schiller die Balance zwischen biologischen und soziologischen Einflußfaktoren, zwischen Angeborenem und Erworbenem. Die Geschichte des Verbrechers Christian Wolf trägt eine sozial- und entwicklungspsychologisch geprägte Aussage schon im Titel: „Verbrecher aus verlorener Ehre", was soviel wie ‚Verbrecher aufgrund eines verlustig gegangenen sozialen Ansehens bedeutet. Die Vorstellung des „Verbrechers aus verlorener Ehre" liest sich wie eine Deutung Schillers zu seiner Figur des Franz Moor:[39]

„Christian Wolf war der Sohn eines Gastwirts (...) Die Natur hatte seinen Körper verabsäumt. Eine kleine unscheinbare Figur, krauses Haar von einer unangenehmen Schwärze, eine plattgedrückte Nase und eine geschwollene Oberlippe, welche noch überdies durch den Hufschlag eines Pferdes aus ihrer Richtung gewichen war, gaben seinem Anblick eine Widrigkeit, welche alle Weiber von ihr zurückscheuchte und dem Witz seiner Kameraden eine reichliche Nahrung darbot. (Die Verachtung seiner Person hatte früh seinen Stolz verwundet, und zündete endlich einen schleichenden Unmut in seinem Herzen an, welcher nie mehr erloschen ist.)"

Alle Versuche, sich in die Gesellschaft zu integrieren, scheitern. Aber es ist die Gesellschaft selbst, die mit ihrem Handeln das durch ihr Vorurteil unterstellte Verhalten tatsächlich herbeiführt. Die Self-fullfilling-prophecy der modernen soziologischen Redeweise* kennt schon Schiller; er läßt den Sonnenwirt klagen: ,,Ich brauchte keine gute Eigenschaft mehr, weil man keine mehr bei mir vermutete. (Man ließ mich Schandtaten büßen, die ich noch nicht begangen hatte. . .)''[40]

Wie Franz Moor betrachtete sich Christian Wolf ,,als den Märtyrer des natürlichen Rechts und als ein Schlachtopfer der Gesetze.''[41] Christian Wolf wie Franz Moor haben im Laufe der Zeit ihre gesellschaftliche Ehre, ihr Ansehen verloren. Die ihnen von der Gesellschaft zugewiesene Außenseiterstellung gebiert Haß und führt sie ins Verderben.

Schiller zeigt sich also als Autor mit einem modernen Weltverständnis. Demgemäß folgt aus den Charakteren in den ,,Räubern'' kein schicksalhafter, automatischer Handlungsablauf wie in den dumpfen Tragödien Klingers und Leisewitz'.

,,Modernes'' Gedankengut bei Franz Moor: Gleichheit der Menschen von Natur aus — Betonung des Leistungsprinzips

In den meisten, und vor allem in den populären Interpretationen gilt Karl Moor als der moderne, der fortschriftliche unter den beiden Brüdern.

Er ist es, der von der revolutionären Durchsetzung der Gerechtigkeit durchdrungen ist. Franz Moor erscheint als der üble Vertreter einer abgewirtschafteten Herrschaftsordnung. In Karl Moor — so scheint es — wird der Kampf der

---

* Self-fullfilling prophecy bezeichnet den Umstand, daß die Kenntnis einer Prognose das Verhalten der ,,Kenner'' in Richtung auf das Vorhergesagte in der Weise beeinflußt, so daß die Prognose schließlich eintritt. — Hier werden Verbrechen schließlich begangen, weil Wolfs Umwelt ihm aufgrund der Annahme, daß er ein Verbrecher sei, die Chance zur Integration verwehrte.

neuen Generation und ihrer Ideale gegen die etablierte „alte" Gesellschaft beispielhaft verkörpert.

Nachdem sich herausgestellt hat, daß von der Motivationsstruktur her der Charakter Franz Moor „moderne" Züge trägt, ist der gesellschaftliche Stellenwert der Taten der beiden Brüder nicht mehr so einfach zu bestimmen. Man muß noch einmal genauer hinschauen — denn nicht nur Karl, auch Franz Moor tritt gegen die Normen der Gesellschaft auf!

Bezogen auf die zwingenden Formen des Zusammenlebens ist Franz sogar der modernere. Karl pocht ja nur auf die Wiedereinsetzung in sein altes Recht, Franz erhebt sich gegen das Vorzugsrecht des Erstgeborenen zugunsten des Leistungsprinzips: „Gab sie (die Natur) uns doch Erfindungsgeist mit ... Schwimme, wer schwimmen kann, und wer zu plump ist, geh unter! ... wozu ich mich machen will, das ist nun meine Sache. Jeder hat gleiches Recht zum größten und kleinsten, Anspruch wird an Anspruch, Trieb an Trieb und Kraft an Kraft vernichtet." (I, 1)

Franz Moor nimmt hier den Gedanken der Gleichheit aller Menschen und die Idee des Leistungsprinzips für sich in Anspruch. Das auf der Grundlage des Gleichheitsprinzips gedachte Leistungsprinzip beruht auf der Vorstellung, daß sich die Chancen des Individuums zur Gestaltung seines Lebens und zur Erlangung seiner gesellschaftlichen Stellung nicht mehr durch Geburt und Herkommen, sondern allein nach der Qualität und dem Ausmaß seiner Leistung bemessen. Der Gedanke ist einer derjenigen gewesen, die im Vorfeld der Französischen Revolution für die Auflösung der alten Ordnung sorgten und in der Folge den Aufschwung der Industriegesellschaft ermöglichten. „Dem Ordnungs- und Machtanspruch des feudal-absolutistischen Staates und der Kirche stellte die französische Aufklärungsphilosophie die Überzeugung vom *Primat des autonomen Individuums*, die Lehre von seinen vorstaatlichen Rechten und Freiheiten (Rousseau: ‚L'homme est né libre') entgegen und rechtfertigte damit den Autonomieanspruch des Individuums, der

seitdem ein Kernstück liberaler Weltanschauung bildete."[42]
Leistungsgesellschaft contra patriarchalische Gesellschaftsordnung — Franz Moor in einer Reihe mit den Wegbereitern
der modernen Gesellschaft! Die Erkenntnis bringt das übli-
che Verständnis von den beiden Brüdern Moor ins Wanken.
Es lassen sich sogar noch mehr Indizien für ein „modernes"
Weltverständnis bei Franz Moor feststellen:

Franz Moor — Der Verfechter eines „modernen" erkenntnistheoretischen Relativismus

Im Leisewitz' Drama „Julius von Tarent" hatte Julius sich
moralische Vorhaltungen mit dem Argument verbeten, daß
er Moral und Vernunft als stets relativ bezeichnete und die
vernünftige Gedankenarbeit nicht als Eingebung eines höheren Wesens, sondern als Abfallprodukt der Bewegung
von Materie darstellte. Diesen philosophischen Fingerzeig
hat Schiller ausgestaltet und auf die Spitze getrieben. Auch
Franz kann keine allgemein gültige Vernunft in der Welt erkennen.
„Es ist itzo die Mode, Schnallen an den Beinkleidern zu tragen, womit man sie nach Belieben weiter und enger
schnürt. Wir wollen uns ein Gewissen nach der neuesten
Façon anmessen lassen, um es hübsch weiter aufzuschnal-
len, wie wir zulegen." (I,1)
Das „Gewissen nach der neuesten Façon", nach dem Zeitgeist, stützt sich wie bei Julius auf einen erkenntnistheoretischen Relativismus. Aber was bei Julius noch als kasuisti-
sches — nur für diesen Fall erdachtes — Argument klingt,
um die ‚Vernunft' der Liebe und des Gefühls an die Stelle
der ‚kalten' Verstandeshandlungen setzen zu dürfen, wird
von Franz in drastischen Formulierungen als umfassende
philosophische Grundlegung für sein böses und asoziales
Verhalten verkündet:
„Ich habe Langes und Breites von einer sogenannten *Blut-
liebe* schwatzen gehört, das einem ordentlichen Hausmann
den Kopf heißmachen könnte — Das ist dein Bruder! — das

ist verdolmetscht: Er ist aus eben dem Ofen geschossen worden, aus dem du geschossen bist — also sei er dir heilig! — Merkt doch einmal diese verzwickte Konsequenz, diesen possierlichen Schluß von der Nachbarschaft der Leiber auf die Harmonie der Geister, von ebenderselben Heimat zu ebenderselben Empfindung, von einerlei Kost zu einerlei Neigung." (I,1)

In der Weise, wie Leisewitz auf die Ausführungen des französischen Philosophen Descartes angespielt hatte, bezieht sich Franz Moor auf die Erkenntnishaltung, die in der englischen philosophischen Tradition David Hume am klarsten formuliert hat. Dieser von 1711-1766 lebende Philosoph — mit dem sich später Kant auseinandersetzte — beschäftigte sich vor allem mit der Frage, wie Menschen dazu gelangen, gewisse Beziehungen in der Natur und im Zusammenleben der Menschen als „Gesetze" zu erkennen:[43]

„Zur Erklärung des Glaubens an die Naturgesetzlichkeit ruft Hume die Psychologie zu Hilfe . . . ‚Jeder Gegenstand, der sich dem Gedächtnis oder den Sinnen bietet, führt die Einbildung unmittelbar durch die Kraft der Gewohnheit dazu, sich denjenigen Gegenstand vorzustellen, der gewöhnlich mit ihm zusammenhängt.' [. . . . .] Dieser gewohnheitsmäßige Glaube [. . . . .] hat mit logischer Evidenz nichts zu tun."

Wenn aber kein ewiges Sein, sondern nur menschliche Gewohnheit unser Wirklichkeitsbewußtsein bildet, wenn die Erkenntnisse von der psychologischen Befindlichkeit abhängen, so werden übergeordneten Wahrheiten und verbindliche Lebensordnungen in Frage gestellt. Franz Moor zieht diese Konsequenz aus dem „heiligen Nebel", der die „Blutliebe", die Verwandschaftsliebe verschleiert: „Wohl gibt es gewisse gemeinschaftliche Pakta, die man geschlossen hat, die Pulse des Weltzirkels zu treiben. Ehrlicher Name! — Wahrhaftig, eine reichhaltige Münze, mit der sich meisterlich schachern läßt, wers versteht, sie gut auszugeben." (I,1)

Allgemeine Formen des Zusammenlebens gelten aber nur für die ‚Hasen', den „Pöbel", nicht für die „gnädigen Herren'', die sich über die durch Konventionen gezogene Grenzen hinwegsetzen.

Auch Franz Moor ein Protestler — neben der Sturm-und-Drang-Kraftmeierei der grundlegende philosophische Angriff

Franz Moor, so kann man aus den letzten Zitaten ersehen, steht im sprachlichen Ausdruck seinem Bruder Karl nicht nach. In kraftgenialischen und herablassend-schnoddrigen Bemerkungen stellt er die Existenz eines höheren Lebensprinzips in Frage.

Wer von den heiligsten Dingen als Münze spricht, mit der man andere übervorteilen kann, für den liegt es nahe, daß er eine übernatürliche Vernunft nicht anerkennt. In der Tat ist Franz mit aller Energie Atheist:

,,..... der Mensch entsteht aus Morast, und watet eine Weile im Morast, und macht Morast, und gärt wieder zusammen im Morast, bis er zuletzt an den Schuhsohlen seines Urenkels unflätig anklebt. Das ist das Ende vom Lied — der morastige Zirkel der menschlichen Bestimmung. ....'' (IV, 2)

In Franz Moors Äußerungen tritt dem Leser die sprachlich vulgäre Umsetzung der Ideen des wohl prominentesten Materialisten jenes Zeitalters, des Franzosen Lamettrie (1709-1751) entgegen. Die Lehre Lamettries läuft unter dem Stichwort, daß der Mensch eine Maschine sei: l'homme machine!:[44]

,,Durch Selbstbeobachtung während eines hitzigen Fiebers kam *Lamettrie* auf den Gedanken, daß unser gesamtes Denken von der körperlichen Organisation abhänge. Die Empfindung haftet am Stoff, der *Mensch* ist eine *Maschine*, und das Denken ist eine Funktion des Gehirns. *Lamettrie* dehnt die Fähigkeit des Empfindens auf alles Lebendige aus, und der Mensch ist nur ausgezeichnet durch die Fülle seiner Bedürfnisse. Die Hoheit des ,Geistes' beruht nicht auf vermeinter Körperlosigkeit, sondern auf seinem Umfang und seiner Klarheit, die auf die Feinheit der Gehirnwindungen zurückgeht. Der Mensch braucht nicht darüber zu erröten, daß er aus dem Schlamm geboren ist; denn das Lebensprinzip steckt in den kleinsten Fasern des Körpers, nicht in einer rätselhaften ,Seele'."

Aus dieser materialistischen Grundposition erwachsen Schlußfolgerungen sozialer und ethischer Art:

,,Aus Mangel an Kenntnis der Natur hat der Mensch sich Gottheiten gebildet, die alleiniger Gegenstand seiner Hoffnungen und Befürchtungen wurden, ohne zu bedenken, daß die Natur weder Haß noch Liebe kennt und fort und fort, bald Wohl bald Wehe bereitend, nach unwandelbaren Gesetzen wirkt. Die Welt zeigt uns allenthalben nichts als Materie und Bewegung."[45]

So Dietrich von Holbach (1723-1789) , ein weiterer Materialist zu Schillers Zeiten, bei dem man die seinsmäßige Unmöglichkeit einer Ethik nachlesen und in der Konsequenz des Denkansatzes die Unverbindlichkeit tatsächlicher Moralvorstellungen ableiten konnte.

Wenn es aber kein letztes übergreifendes Weltprinzip gibt, keinen Weltgeist, keinen Gott, von dem sich allgemeinverbindliche Regeln des Zusammenlebens ableiten lassen — auf welche Autorität noch können sich die ,Alten' berufen? Der materialistische Protest also drückt sich nicht nur in gefühlsbeladenen Attacken und kämpferischer Wortgewalt aus. Auch die Verneinung eines letzten, sinnstiftenden geistigen Weltprinzips bedeutet ein Anrennen gegen die Erwachsenenwelt. Der materialistische Atheismus ist dann diejenige philosophische Grundposition, von der aus man die herrschenden Autoritäten am gesichersten angreifen kann.

,,Wir finden ihn stark und siegreich in solchen Zeiten, wo überlieferte Kulturformen ihre volle Wahrheit eingebüßt haben und von vielen als ein ungebührlicher Druck empfunden werden; der Materialismus erscheint dann sowohl als das beste Mittel zur Befreiung von drückenden Fesseln wie als ein Rückgang auf einfachere Lebensgrundlagen, er scheint eine natürliche und wahrere Gestaltung aller Verhältnisse anzubahnen."[46]

Weit entfernt davon, hier eine philosophische Position nur von einem Protestalter oder einer Protesthaltung abhängig zu erklären, kann man doch sagen, daß ein Materialismus der jugendlichen Protesthaltung entgegenkommt. Franz verstärkt diese Verwandtschaft dadurch, daß er die Elemente der Philosophie weniger in der Art der Philosophen vorstellt als in dem Jargon junger Medizinstudenten. Für junge Studenten könnte es bisweilen eine Notwendigkeit sein, mit gespielter Kraft über die ersten Schocks der beruflichen Begegnung mit dem Tod hinwegzukommen. Ein junges Theaterpublikum fühlt sich durch die Allwissenheit und Sicherheit markierende Kraftsprache in seiner Protesthaltung gegenüber den knebelnden Regelungen der ‚Etablierten' bestätigt.

Franz Moor — Die Personifizierung des philosophischen „Freigeistes"

Die Ideen des Materialismus waren unter den Zeitgenossen Schillers nicht nur als abstrakte philosophische Gedanken im Umlauf, sondern die Ideen wurden in der Vorstellungskraft der Gebildeten zusammen mit den aus der Idee verwertbaren Haltungen und Handlungsweisen zu einer typischen Figur kombiniert:

Der „Freigeist", wie diese typische Figur bezeichnet wurde, der Freigeist ging in den pädagogischen und in den erbaulichen poetischen Schriften um. Eine vielgelesene Zusammenfassung der Vorstellungen über den gefürchteten und gehaßten „Freigeist" veröffentlichte der Leipziger Literatur- und Moralprofessor Gellert (1715-1769). Posthum erschien seine eindringliche Warnung auch in schriftlicher Fassung in seinen „Moralischen Vorlesungen" (1770):[47]

„Das System der freigeisterischen Moral sei nicht schwer zu entwerfen, es bestehe in folgendem: Erlaubt und weise sei, was das Vergnügen fördere, Torheit und Furchtsamkeit, was davon abhalte. Die Selbstliebe sei das Gesetz des Freidenkers, er lasse sich von seinem Vorhaben durch nichts abhalten als durch den Arm des Henkers. ‚Die Gottheit achtet der niedrigen Handlungen des Menschen nicht, und seine Natur befiehlt ihm, nach dem eingepflanzten Instinkte zu handeln. Der ist frei, der tun darf, was er wünschet, und was er wünschet, nur das ist sein Glück: Vergnügungen der Sinne und der Einbildungskraft, Freuden der Wollust, der Ehre und des Reichtums.' Die Moral der Freigeister führe zu einem ewigen Kriege des Eigennutzes und der Freiheit. Gäbe es keinen gerechten Gott, keine Tugend, keine Unsterblichkeit der Seele und also keine ewige Belohnung oder Strafe, was solle den Menschen abhalten, sooft er könne, der Stimme seiner erhitzten Leidenschaften zu gehorchen? Der Freigeist scheue keine Laster und keine Verbrechen, Betrug, Verrat und Meineid gälten ihm als erlaubt, die Bande der Familie und Freundschaft nur als Fesseln des Aberglaubens. Es gäbe für ihn kein die Menschen verknüpfendes Band der Treue und Liebe. Zwar sei dies nicht die Moral aller Freigeister, aber doch sehr vieler. Im Angesichte des Todes drängen freilich fast immer die Schrecken der Ewigkeit auf den Freigeist ein, um seine Seele zu foltern."

Des Moralprofessors Bestimmungen liefern dem Dramatiker außer der Darlegung von Ideen und Charakterzügen auch ein Stichwort für die Gestaltung einer schaurigen, aufwühlenden Szene:

Den Tod vor Augen, als nämlich die Bande des Bruders vor der Tür steht, „drängen ... die Schrecken der Ewigkeit", genau wie Gellert es dem Freigeist prophezeit, auf Franz ein. In einer fürchterlichen Traumvision offenbart sich Franz das Jüngste Gericht. Er erlebt, wie sich die Waage der Gerechtigkeit auf die Seite der Verdammung neigt, als seine Sünden Vatermord und Brudermord als Gewichte in die Waagschale gelegt werden. Franz reagiert bestürzt und fordert tyrannisch-ultimativ einen Pastor zu sich. Pastor Moser weist Franz unerschrocken unerbittlich und mit schaurig-anschaulichen Bildern auf die Unmöglichkeit hin, dem Jüngsten Gericht zu entgehen:

,,Ich habe wohl mehr solche Elende gesehen, die bis hierher der Wahrheit Riesentrotz boten, aber im Tode selbst flattert die Täuschung dahin ... ein innerer Tribunal, den ihr nimmermehr durch skeptische Grübeleien bestechen könnt, wird itzo erwachen, und Gericht über Euch halten. Aber es wird ein Erwachen sein, wie des lebendig Begrabenen im Bauche des Kirchhofs ...'' (V,1)

Angesichts dieser Vorhaltungen gerät Franz Moors freigeisterische Überzeugung (,,Ich will aber nicht unsterblich sein.'') ins Wanken. Er hält den Gedanken an Gott nicht mehr zurück und versucht den Weltenrichter dadurch gnädig zu stimmen, daß er die Glocken läuten läßt und einen Versuch unternimmt, zu beten.

Der oft geschundene alte Diener Daniel setzt den Schlußpunkt zu Schillers Illustration des Gellertschen Skeptikers und Freigeistes:

,,. . . wenn die Not an den Mann geht, wenn Euch das Wasser an die Seele geht, Ihr werdet alle Schätze der Welt um ein christliches Seufzerlein geben — Seht Ihrs? Ihr verschimpftet mich! Da Habt Ihrs nun! Seht Ihrs!'' (V,1)

Schiller geht noch weiter. Der Freigeist muß angesichts des Todes nicht nur die Falschheit seiner Überzeugungen und die Verderbtheit seiner Lebensführung einsehen, sondern er verliert sogar die Fähigkeit und die Gnade, in die Arme des Glaubens zurückzukehren. Es gelingt Franz Moor nicht, zu beten, so sehr er es auch versucht. Demut vor Gott will ihm nicht in den Sinn. ,,Auch seine Gebete werden zu Sünden.'' (Daniel, V,1). Wer sich der philosophischen Freigeisterei hingibt, so das Fazit Schillers, verliert im irdischen Leben die moralische Orientierung und gehört im ewigen Leben zu den ewig Verdammten. Umfassender kann man eine moralische Verurteilung nicht gestalten.

In Franz Moor tritt dem Leser wie dem Zuschauer jener „Freigeist" gegenüber, den die damals modernen philosophischen Entwicklungen einer vom Gottesgedanken losgelösten Erkenntnis- und Seinslehre hervorbrachten. Schiller hat während seiner Akademiezeit mit Sicherheit Gellerts moralische Ermahnungen kennengelernt. Vielleicht hat er auch — allerdings fehlen dafür konkrete Hinweise — Gellerts Moral in der dramatischen Fassung des Dramas „Der Freigeist" von Joachim Wilhelm von Brawe (1738-1758) gelesen. Brawes Drama ist kein großes Werk, sondern nur die Umformung von Gellertschen Vorlesungen in fünf Akte. Der „Freigeist" entwickelt dabei dieselben Begründungen des Bösen wie der Freigeist Franz Moor.[48]

Schiller hat in seinen theoretischen Schriften selbst auf das philosophische Umfeld freigeisterischer Haltungen hingewiesen. Anläßlich des Geburtstages der Mätresse des Herzogs, der Reichsgräfin Franziska von Hohenheim, führte Schiller, dem die Ehre der Festrede zuteil geworden war, in der Rede „Die Tugend in ihren Folgen betrachtet" (1780) aus:[49]

„. . . leicht kann das Laster eines einzigen in tausend unverwahrte Seelen sein süßes Gift einhauchen. So kann es eine Kette von Menschenaltern, ferne von ihrer hohen Bestimmung, in das alte barbarische Dunkel tierischer Wildheit zurückstoßen. So hat sich der unvollkommene Geist eines Lamettrie, eines Voltaire auf den Ruinen tausend verunglückter Geister eine Schandsäule aufgerichtet, ihres Frevels unsterbliches Denkmal!"

Die gleichzeitig mit den „Räubern" verfaßten Gedanken lesen sich wie ein Kommentar zu Franz Moor. In der gleichen Weise kann man Passagen aus Schillers 1780 begonnenen, 1786 vollendeten „Philosophischen Briefen" lesen, z. B.:[50]

„Die allgemeine Wurzel der moralischen Verschlimmerung ist eine einseitige und schwankende Philosophie, um so gefährlicher, weil sie die umnebelte Vernunft durch einen Schein von Rechtmäßigkeit, Wahrheit und Überzeugung blendet und eben deswegen von dem eingebornen sittlichen

Gefühle weniger in Schranken gehalten wird [. . . . .] Skeptizismus und Freidenkerei sind die Fieberperoxismen des menschlichen Geistes."

Auf den ersten Blick hat es den Anschein, als würde Schiller mit dem Scheitern des Freigeistes Franz wieder uneingeschränkt für die alte Ordnung plädieren. Diese Interpretation deckt sich allerdings nicht mit dem Sinngehalt der zweiten tragenden Figur des Dramas, mit Karl Moor. Um die Figur des Franz Moor angemessen einzuschätzen, muß man den gesellschaftspolitischen historischen Horizont umschreiben. Skepsis, Relativismus und erkenntnistheoretischer Subjektivismus sind für die Neuzeit im Frankreich des 17. Jahrhunderts als ein Reflex entstanden, der auf diejenige Ausübung von Religion reagierte, die den Bürger einer einzig seeligmachenden Lehre unterwarf und mit Gewissenszwang, Verfolgung und Vertreibung alle diejenigen bestrafte, die sich andere Gedanken und Kulte erlaubten. Wie in Frankreich, wo Pierre Bayle (1647-1706) in seinem „Dictionnaire historique et critique" die Wertschätzung der individuellen Überzeugung propagierte, reagierte man auch in England entsprechend auf den Zwang einer ‚Staats'-Religion und die Verfolgung der Anhänger anderer Lehren. So hat gerade Hobbes (s. u. S. 70ff.) — der eine starke Zentralgewalt befürwortet — in dieser Frage eine ähnliche Meinung wie Bayle vertreten, indem er nämlich Haltungen und Glaubensfragen zur — beliebig zu handhabenden — Privatsache erklärte. Skepsis und Relativismus bedeuten in diesem Zusammenhang einen Aufruf zur Toleranz.

Löst man allerdings die in der Skepsis und im Relativismus wirkende Vernunft vom Appell zur Toleranz und verabsolutiert sie, so gelangt man schnell in „Grenzsituationen des kritischen Denkens", in denen „die mit unerbittlicher Folgerichtigkeit bis zum Ende gehende Vernunft sich schließlich gegen sich selbst richtet".[51] Dem so Reflektierenden schwinden nämlich alle grundlegenden Wahrheiten und Gewißheiten.

Diesen — von den Denkern der Aufklärung bald erkannten — Schlußpunkt einer endlos fortschreitenden Kritik stellt Schiller in der Figur des Franz Moor dar. Am Scheitern Franz Moors und an der trostlosen Verlassenheit seines Gemüts in der Todesstunde zeigt Schiller, daß die Ohnmacht der Vernunft die Notwendigkeit einer Offenbarung herausfordert.

Die ‚Offenbarung' muß nicht religiöser Natur sein, sie kann sich auch anderer Inhalte bedienen. Die kritische Vernunft der Aufklärung hat sich langsam mit sozialen, politischen, pädagogischen, humanitären und fortschrittsoptimistischen Inhalten gefüllt, die eine Metaphysik eigener Qualität, ja im 19. Jahrhundert eine Art Ersatzreligion darstellten. Mit derartigen positiven Fixpunkten versehen kann die kritische Vernunft befreiend wirken. Natürlich finden wir bei Schiller keine Programme des 19. Jahrhunderts. Aber im Keim lassen sich die ‚Offenbarungen' des um seine politische Freiheit ringenden Bürgertums auch bei Schiller zeigen. Dazu in den folgenden Abschnitten mehr.

Die gesellschaftspolitische Aussage der „Räuber": Der Kampf der Brüder als „Naturzustand" des Menschengeschlechts

Die Vatergestalt — Vom starken Wahrer der gesellschaftlichen Ordnung zum schwächlichen Opfer der Intrige

Mit den Anklängen an den Gellertschen „Freigeist" ist die philosophische Bedeutungsschwere der „Räuber" noch nicht erschöpft. Welches Exempel Schiller noch vorführen will, läßt sich einsichtig am Wandel der Vatergestalten von den literarischen Vorbildern zu Schillers „Räuber" einleiten: Bei Klinger und Leisewitz spielt sich der Bruderkampf gleichsam unterhalb der Position des Fürst-Vaters ab, denn die Brüder stellen die althergebrachte patriarchalische Ordnung nicht in Frage. So verpufft ihr Aufstand als ein ohnmächtiges Rütteln von Uneinsichtigen an den Schranken der Gesellschaft. Der Fürst Vater bleibt Herr der Situation. Er ist Richter, Henker und Wahrer der gesellschaftlichen Ordnung in einer Person. Ihm gegenüber akzeptieren die Brüder Guelfo bzw. Guido die Sünderrolle und nehmen auch die eigene Vernichtung in Kauf. Ein Bruderkampf, so die Lehre der beiden Stücke, bringt letztlich die vom Patriarchen bewahrte gesellschaftliche Ordnung nicht ins Wanken.

Eine andere Lehre ist an der Schillerschen Vaterfigur ablesbar. Die Autorität des alten Herrn von Moor wird frühzeitig von den Söhnen untergraben, sei es durch die Verweigerung des ungestümen Karl oder durch die Täuschungsmanöver des hinterhältigen Franz. Der alte Moor kann sich nicht wehren, er entscheidet nicht, bedauert weinerlich seine ‚harte' Reaktion auf Karls Lotterleben und ist hilflos auf die Unterstützung wohlmeinender Menschen wie Daniel und Hermann angewiesen, als Franz seine Maskerade aufgibt und den Vater offen vom Herrschaftsstuhl stürzt. Der Kampf seiner Söhne überrollt ihn. Eine derart schwächliche Gestalt kann keine gesellschaftliche Ordnung repräsentieren. Im Gegenteil, der Alte stirbt, als er erfährt, daß sein Lieblingssohn Karl ein Räuber ist.

Die politische Lehre der Klinger und Leisewitz war, daß letztlich die althergebrachte Ordnung nicht in Gefahr sei. Welche politische Lehre ist bei Schiller ablesbar?

Der ,,Naturzustand" — ein vertragloser Zustand des Faustrechts (Th. Hobbes)

Sowohl der Räuber Karl als auch der Freigeist Franz sind Menschen, die das Recht des gesellschaftlich wirksamen Handelns für sich in Anspruch nehmen. Sie beanspruchen beide, ein Recht zu Taten zu haben, die andere auch verletzen können. Die politische Frage in einer solchen Situation lautet: Wie sieht das menschliche Zusammenleben aus, wenn jeder das Recht des unbeschränkten politischen Handelns für sich in Anspruch nimmt? Die Antwort gab — schon für die damalige Zeit — der englische Philosoph Thomas Hobbes (1588-1679). Hobbes hat in seinem Werk ,,Elementa philosophica de cive" (1642) dargestellt, wie Menschen zueinander stehen, bevor gesellschaftliche Ordnungsvorstellungen das Zusammenleben regeln:[52]

,,§ 10. Die Natur hat jedem das Recht auf alles gegeben (d.h. in dem reinen Naturzustande); ehe noch die Menschen durch Verträge sich gegenseitig gebunden hatten, konnte jeder tun, was er wollte und gegen wen er wollte, und alles in Besitz nehmen, gebrauchen und genießen, was er wollte und konnte. Denn da alles, was jemand wollen mochte, dadurch, daß er es wollte, ihm als ein Gut erschien und entweder zu seiner Entfaltung dienen oder ihm wenigstens so erscheinen konnte (denn nach dem vorigen Paragraphen ist er selbst zum Richter hierüber bestellt worden;

deshalb muß das für notwendig gelten, was er selbst dafür hält), und da nach § 7 das in Übereinstimmung mit dem Naturrechte geschieht und besessen wird, was notwendig zum Schutz des eigenen Lebens dient, so folgt, daß in dem Naturzustande jeder alles haben und tun darf. Dies ist der Sinn des bekannten Satzes: Die Natur hat alles gegeben, und daraus erhellt, daß im Naturzustande das Recht sich nach dem Nutzen bemißt ..." ,,... das Wort Recht bezeichnet nur die Freiheit, die jeder hat, seine natürlichen Vermögen nach der rechten Vernunft zu gebrauchen. Die erste Grundlage des natürlichen Rechts ist daher, daß jeder sein Leben und seine Glieder nach Möglichkeit schützen kann."[53]

,,Da das Recht auf einen Zweck demjenigen nichts nützt, dem das Recht auf die dazu erforderlichen Mittel verweigert wird, so folgt aus dem jeden zustehenden Recht, sich zu erhalten, alle Mittel zu gebrauchen und alles zu tun, ohne welches er sich nicht erhalten kann."[54]

,,Der Sieger kann aber den Besiegten, oder der Stärkere kann den Schwächern (sowie der Gesunde und Kräftige den Schwachen und der Erwachsene das Kind) *mit Recht* zwingen, daß er ihm die Sicherheit für seinen Gehorsam leiste, wenn er nicht lieber sterben will."[55]

Die Brüder Moor dokumentieren den abschreckenden Charakter des ,,Naturzustandes"

Es ist offensichtlich, daß die Begründungen, die Franz Moor für seine Pläne findet, auf die von Hobbes formulierten Sinnzusammenhänge anspielen:

,,Gab sie [die Natur] uns doch Erfindungsgeist mit, setzte uns nackt und armselig ans Ufer dieses großen Ozeans *Welt* — Schwimme, wer schwimmen kann, und wer zu plump ist, geh unter! Sie gab mir nichts mit; wozu ich mich machen will, das ist nun meine Sache. Jeder hat gleiches Recht zum Größten und Kleinsten, Anspruch wird an Anspruch, Trieb an Trieb und Kraft an Kraft zernichtet. Das

Recht wohnet beim Überwältiger, und die Schranken unserer Kraft sind unsere Gesetze ..." (I,1)

Hobbes' Ausführungen können gleichzeitig als ein Kommentar zum Gehalt der „Räuber" insgesamt verstanden werden:

Schillers „Räuber" zeigen, daß sowohl die rücksichtslose Intrige als auch die terroristische Selbsthilfe — auch wenn sie durch ein soziales Engagement motiviert ist — die Menschheit wieder in den chaotischen und rechtlosen „Naturzustand" zurückversetzen.

Während Franz Moor lediglich die zersetzenden Möglichkeiten des menschlichen „Naturzustandes" beispielhaft vorführt, läßt Karl Moor darüber hinaus in mehreren ‚unräuberischen' Anwandlungen und wehmütigen Stimmungen die Warnung durchscheinen, die in den Überlegungen des Staatsphilosophen Thomas Hobbes zur gewaltsamen Selbsthilfe hervortritt:

„Wer kann der Flamme befehlen, daß sie nicht auch durch die gesegneten Saaten wüte, wenn sie das Genist der Hornissel zerstören soll? — O pfui über den Kindermord! den Weibermord! — den Krankenmord! Wie beugt mich diese Tat! Sie hat meine schönsten Werke vergiftet — da steht der Knabe, schamrot und ausgehöhnt vor dem Auge des Himmels, der sich anmaßte, mit Jupiters Keile zu spielen, und Pygmäen niederwarf, da er Titanen zerschmettern sollte — geh, geh! du bist der Mann nicht, das Rachschwert der obern Tribunale zu regieren, du erlagst bei dem ersten Griff — hier entsag ich dem frechen Plan, gehe, mich in irgendeine Kluft der Erde zu verkriechen, wo der Tag vor meiner Schande zurücktritt. *(Er will fliehen.)*" (II,3)

Aber einmal gebunden durch den gegenseitigen Treueschwur unter Räubern, kann sich Karl nicht mehr von der Bande absetzen, sondern muß der Pflicht zu führen nachkommen. Allerdings entwickelt sich bei ihm ein Gefühl der Verlorenheit und ein Bewußtsein, verdammt zu sein. Bei einem das Gemüt anrührenden Sonnenuntergang an der Donau sinniert er darüber nach, daß er und seine Bande nicht

Volkes Rächer, sondern schlicht unrechtbeladene Verbrecher sind:

„Umlagert von Mördern — von Nattern umzischt — angeschmiedet an das Laster mit eisernen Banden — hinausschwindelnd ins Grab des Verderbens auf des Lasters schwankendem Rohr — mitten in den Blumen der glücklichen Welt ein heulender Abadonna! .....
..... Daß ich wiederkehren dürfte in meiner Mutter Leib! daß ich ein Bettler geboren werden dürfte! ..... O all ihr Elysiumszenen meiner Kindheit! ..... Dahin! dahin! unwiederbringlich!" (III,2)

Am Schluß des Dramas münden Moors Gefühle in eine ausdrücklich politische Bewertung ein. Er bekennt, daß sein Handeln in einen Naturzustand des Kampfes aller gegen alle führen würde, wenn nur ein einziger Zweiter es ihm nachtut:

„O über mich Narren, der ich wähnete die Welt durch Greuel zu verschönern und die Gesetze durch Gesetzlosigkeit aufrecht zu erhalten. Ich nannte es Rache und Recht — Ich maßte mich an, o Vorsicht, die Scharten deines Schwerts auszuwetzen und deine Parteilichkeiten gutzumachen — aber — O eitle Kinderei — da steh ich am Rand eines entsetzlichen Lebens und erfahre nun mit Zähneklappern und Heulen, daß *zwei Menschen wie ich den ganzen Bau der sittlichen Welt zugrunde richten würden.*" (V,2)

Karl Moor bleibt nicht bei der reinen Erkenntnis stehen, sondern will Sühne leisten. Dabei schließt er nach trotzigdepressiven Anwandlungen die individuelle Lösung seiner tragischen Verstrickung aus. Die geladene Pistole schon in der Hand, verwirft er in letzter Sekunde die Möglichkeit des Selbstmordes:

„Soll ich dem Elend den Sieg über mich einräumen? — Nein! ich wills dulden! *(Er wirft die Pistole weg.)* Die Qual erlahme an meinem Stolz!" (IV,5)

Statt dessen erkennt der Räuber Moser die Legitimität einer ordnenden Staatsgewalt an:

,,Aber noch blieb mir etwas übrig, womit ich die beleidigte Gesetze versöhnen, und die mißhandelte Ordnung wiederum heilen kann. Sie bedarf eines Opfers — eines Opfers, das ihre unverletzbare Majestät vor der ganzen Menschheit entfaltet — .... Ich geh, mich selbst in die Hände der Justiz zu überliefern." (V,2)

Bewußtseinsentwicklung, Fortschrittsoptimismus und Rechtsstaatsgedanken als politische ,,Lehre" Schillers

Der Warnung vor einer Zerstörung der gesetzmäßigen Ordnung hat Schiller ein so großes Gewicht beigemessen, daß er sich auf die Gedanken eines Philosophen bezog, der mit der Vermeidung des ,,Naturzustandes des Menschen" eine starke — absolutistische — politische Gewalt begründete. Dabei hat der Dichter mit dem kurz nach den ,,Räubern" verfaßten Stück ,,Kabale und Liebe" noch deutlicher als in seinem Erstlingswerk gegen die Mißherrschaft deutscher Fürsten Stellung bezogen.

Es stellt sich die Frage nach der politischen Lehre der ,,Räuber", wenn einerseits ein revolutionärer Geist menschlich positiv dargestellt wird, andererseits die gewalttätige politische Selbsthilfe abgelehnt wird. Trotz der staatsrechtlichen Zurechtweisung des Räubers Moor sind seine Ideale nicht vergessen. Sie gelten auch als Maßstab für Regierungshandeln. Insofern behält Karl Moors Anrennen gegen Mißwirtschaft Gültigkeit. Die Ideale der Nächstenliebe und soziales Empfinden werden in den ,,Räubern" vom alten Daniel, von Amalia und letztlich auch von Hermann, der sich vom Bösewicht zum Retter des alten Moor wandelt, repräsentiert. In den Schlußworten des Dramas setzt Karl Moor noch einmal ein Zeichen für soziales Verhalten: ,,Ich erinnere mich, einen armen Schelm gesprochen zu haben, als ich herüberkam, der im Taglohn arbeitet und elf lebende Kinder hat — Man hat tausend Louisdore geboten, wer den großen Räuber lebendig liefert — dem Mann kann geholfen werden." (V,2) Schiller hat zu der Zeit, als er „Die Räuber" schrieb, an die Wirksamkeit innerer Einstellungen geglaubt. Sein Zentralbegriff war die in allen menschlichen Beziehungen wirkende „Liebe":[56]

„Liebe ist es, die Seelen an Seelen fesselt; Liebe ist es, die den unendlichen Schöpfer zum endlichen Geschöpfe herunterneigt, das endliche Geschöpf hinaufhebt zum unendlichen Schöpfer; Liebe ist es, die aus der grenzenlosen Geisterwelt eine einzige Familie und so viele Myriaden Geister zu so viel Söhnen eines alliebenden Vaters macht. Liebe ist der zweite Lebensodem in der Schöpfung, das große Band des Zusammenhangs aller denkenden Naturen. Würde die Liebe im Umkreis der Schöpfung ersterben, — wie bald, wie bald würde das Band der Wesen zerrissen sein, wie bald das unermeßliche Geisterreich in anarchischem Aufruhr dahintoben ebenso als die ganze Grundlage der Körperwelt zusammenstürzen, als alle Räder der Natur einen ewigen Stillstand halten würden, wenn das mächtige Gesetz der Anziehung aufgehoben worden wäre."

In einer Kurzformel behauptet Schiller: „Liebe ist die mitherrschende Bürgerin eines blühenden Freistaats, Egoismus ein Despot in einer verwüsteten Schöpfung."[57]

Widerspricht der Glaube an die Wirksamkeit innerer Werte nicht dem schaurig chaotischen Eindruck, den der Bruderkampf mit der Zerstörung der menschlichen Ordnung in den Moorschen Landen zurückläßt? Zeigen sich hier nicht unangemessene Traumtänze oder gar bestellte Lobhudeleien eines Zwangsschülers? Wenn man nur die „Räuber" auf sich wirken läßt oder den Anlaß — die Geburtstagsgratulation für die herzogische Mätresse — der zuerst zitierten Ausführungen zur „Liebe" bedenkt, mag man entsprechende Eindrücke erhalten. Aber erstens hat gerade diese Mätresse — Franziska von Hohenheim — einen — auch für die Untertanen merkbaren — mäßigenden Einfluß auf den Herzog Karl Eugen ausgeübt, und zweitens ergibt sich aus der Betrachtung des Schillerschen Lebensumfeldes doch ein Hinweis auf eine demokratische und rechtsstaatliche Entwicklung der Gesellschaft.

In Württemberg bestand eine Ständevertretung, die trotz zeit-,,üblicher'' oligarchischer Tendenzen eine Art Gegenmacht zur absolutistischen Verwaltung des Herzogs bildete. Oberste Instanz für Streitigkeiten zwischen den beiden Gewalten war nicht allein der pure Machtkampf, sondern auch das Reichskammergericht in Wetzlar. Die Stände ließen sich vor Herzog und Reichskammergericht von tüchtigen Juristen vertreten, von denen Johann Jakob Moser der bekannteste war. So wurde trotz der oft zutage tretenden herzoglichen Willkür dennoch das Entstehen der modernen, einer übergeordneten Rechtsverfassung unterworfenen Gesellschaft sichtbar.

Im übrigen sah Schiller die Zukunft nicht so schwarz, wie es der tragische Ausgang des Dramas ,,Die Räuber'' nahelegt. Eher war Schillers Grundstimmung von einer Zufriedenheit mit der gesellschaftlichen Situation getragen wie auch von einem Fortschrittsoptimismus, der sonst erst das Bürgertum des 19. Jahrhunderts kennzeichnet. Zustimmend zitiert und kommentiert Schiller in seiner Dissertation den Göttinger Gelehrten Schlözer (1735-1809). Wüßte man nicht ihr Erscheinungsdatum, könnte man die folgenden Passagen sogar für Ausführungen aus dem 20. Jahrhundert halten:[58]

,,,Der Mensch', sagt Schlözer, ,dieser mächtige Untergott räumt Felsen aus der Bahn, gräbt Seen ab und pflüget, wo man sonsten schiffte. Durch Kanäle trennt er Weltteile und Provinzen voneinander, leitet Ströme zusammen, und führet sie in Sandwüsten hin, die er dadurch in lachende Fluren verwandelt; er plündert dreien Weltteilen ihre Produkte ab und versetzt sie in den vierten. Selbst Klima, Luft und Witterung gehorchen seiner Macht. Indem er Wälder ausrodet und Sümpfe austrocknet, so wird ein heiterer Himmel über ihm, Nässe und Nebel verlieren sich, die Winter werden sanfter und kürzer, die Flüsse frieren nicht mehr zu.' . . . . .
. . . . . Der Staat beschäftigt den Bürger für die Bedürfnisse und Bequemlichkeiten des Lebens. Arbeitsamkeit gibt dem

Staat Sicherheit und Ruhe von außen und innen, die dem
Denker und Künstler jene fruchtbare Muße gewährt, wo-
durch das Zeitalter des Augustus zum goldenen Alter geworden. Jetzt nehmen die Künste einen kühneren ungehin-
derten Schwung, jetzt gewinnen die Wissenschaften ein rei-
nes, geläutertes Licht, Naturgeschichte und Physik stürzen
den Aberglauben, die Geschichte reicht den Spiegel der
Vorwelt, und die Philosophie lacht über die Torheit der
Menschen... Man halte die alte Welt gegen die neue! Dort
waren die Begierden einfach und ihre Befriedigung leicht.
Aber wie abscheulich wurde auch über die Natur und ihre
Gesetze geurteilt! Jetzt ist sie durch tausend Krümmungen
erschwert, aber welch volles Licht hat sich über alle Begriffe
verbreitet."

Im gleichen Sinne ist die positive Meinung Schillers über die
bürgerschützenden Leistungen der Polizei zu verstehen, die
wir unten in einem anderen Zusammenhang zitieren (S. 93).
In all diesen Vorstellungen zeigt sich ein Bewußtsein, das
am Ausgang des Zeitalters der Aufklärung grundsätzlich auf
ein — auch im Interesse des Bürgers — funktionierendes
Staatswesen vertraut.

Die ,,Liebe'' — so wie Schiller sie als allgegenwärtige, anzie-
hende Kraft bestimmt — entfaltet sich in einer überpersönli-
chen Ordnung. Es wird deutlich, warum in den ,,Räubern''
anders als in den Dramen Klingers und Leisewitz' die Vaterfigur nicht als personenhafte Repräsentanz der staatlichen
Ordnung auftritt. Schillers Vorstellungen zielen auf eine Ge-
setzesordnung, die sich von der Person des Herrschers und
des Landes-Vaters gelöst hat. Sie gilt als überpersönliche
Ordnung sowohl für den Bürger als auch für die Regierenden selbst. Karl Moor stellt sich nicht dem Landesherrn als
Wahrer der Ordnung, sondern ,,der Justiz''. Insofern behalten auch seine Anklagen gegen unredliche Staatsverwal-
tung ihre Gültigkeit. Die Überwindung des ,,Naturzustandes
des Menschen'' führt bei Schiller — nunmehr in Abweichung zu der Inanspruchnahme der Hobbe'schen Gedanken

für einen absolutistischen Staat — zu der Idee des Rechtsstaats.

Die staatspolitische Quintessenz der „Räuber" enthält in nuce die Prinzipien, die die bürgerlich-liberalen Verfassungsrechtler im 19. Jahrhundert als unabdingbar für den Rechtsstaat hielten, nämlich

„daß die Verwaltung gesetzmäßig sein muß, d.h. keine Maßnahme der Verwaltung darf gegen ein Gesetz verstoßen",

„daß es dem Gesetzgeber vorbehalten sein muß, jeden Eingriff in die Freiheit oder das Eigentum des einzelnen ausdrücklich zu beschließen",

„daß eine richterliche Kontrolle über der gesamten Verwaltung steht, an die sich der einzelne wenden kann".[59]

Inzwischen sind Verwaltungsgerichte zur „Kontrolle" der Verwaltung eingerichtet, und das Grundgesetz der Bundesrepublik hat für die Prinzipien des Rechtsstaats eine prägnante Kurzformel gefunden:

„Die Gesetzgebung ist an die verfassungsmäßige Ordnung, die vollziehende Gewalt und die Rechtsprechung sind an Gesetz und Recht gebunden." (Art. 20 Abs. 3 Grundgesetz)

Franz Moor, Anwender und Beispiel des modernen psychosomatischen Menschenbildes

Franz Moor ist nicht nur ein Zerrbild absolutistischer Herrschaft, er repräsentiert nicht nur Abgelebtes, sondern auch Züge der modernen Zeit, die sich mit der Aufklärung ankündigt. An der Gestalt des Franz Moor erläutert Schiller sein philosophisch-medizinisches Menschenbild. Es ist aus der philosophischen Frage nach dem ontologischen Verhältnis von Geist und Materie abgeleitet — aus einer Beziehung, die in Hinsicht auf den einzelnen Menschen als Verhältnis von Leib und Seele diskutiert wird.

Wie den Geist und die Materie dachte sich die Philosophie jener Zeit seit Descartes auch Leib und Seele als völlig getrennte Substanzen. Für ,,Leib'' konnte auch ,,Körper'' stehen, und die ,,Seele'' umfaßte sowohl den Verstand als auch die Empfindungen und die Gefühle. Aufgrund der Trennung zwischen den Substanzen war es schwierig, die Wechselwirkung zwischen Seele und Körper wissenschaftlich-philosophisch zu begründen. Descartes versuchte eine Erklärung (s. o. S. 46) mit Hilfe besonderer körperlicher Teilchen, Spinoza (1632-1677) mit einem psychophysischen Parallelismus, wobei analoge Vorgänge in den ansonsten strikt getrennten Substanzen von Leib und Seele als gleichgeschaltet gedacht werden müssen. Diese Vorstellung setzt aber einen Koordinator voraus, um die Parallelität herzustellen, womit Leib und Seele nicht mehr die letzten Seinsprinzipien wären. Spinoza landet daher auch bei einem strikten Determinismus. — Schließlich gab es Vorstellungen, die alle körperlichen Regungen auf Anstöße der Seele zurückführten, sowie Weltbilder, die in genau umgekehrter Weise alle Empfindungen und Gedanken ausschließlich als Reflexe körperlicher Regungen ansahen.

Die Frage der Wechselwirkung von Leib und Seele wird unter dem Titel Psychophysik bis in die heutige Zeit untersucht und diskutiert. Dabei ist die Rolle der beiden Substanzen Leib und Seele metaphysisch nicht abschließend entschieden. Seit dem naturwissenschaftlich orientierten 19. Jahrhundert ist — ohne immer letzte philosophische Positionen zu beziehen — in dem Schillerschen Studienfach, der Medizin, die Körpersubstanz in den Vordergrund getreten. Diese Ausrichtung hat die Apparate- und Pillenmedizin hervorgebracht. Dabei werden am Menschen die körperlichen — „somatischen" — Krankheitssymptome behandelt. Seit einem halben Jahrhundert aber wird wieder verstärkt auf die psychische Seite von Krankheiten hingewiesen. Oftmals entwickelt sich ein organischer, ein somatischer Befund aus einer krisenhaften Lebenssituation. Ein bekanntes Beispiel ist das Magengeschwür, daß in Folge einer andauernden Streßsituation entsteht und nicht durch eine Operation beseitigt werden kann, sondern erst verschwindet, wenn der Streß beseitigt wird.

Dem praktischen Mediziner ist seit jeher die Wechselwirkung zwischen Leib und Seele, zwischen Soma und Psyche aufgefallen. Er wußte, daß der Streß sich auf den Körper auswirkte. Genau diese in der modernen Medizin wieder stärker beachtete Beobachtung bezieht Franz Moor in seine bösen Absichten mit ein. Er will sein Ziel, den alten Moor umzubringen, nicht durch Mord mit der blanken Waffe erreichen, sondern stellt, um nach außen den Schein der Rechtschaffenheit zu wahren, den Streß in seine Dienste. In einem großen Monolog entwickelt er auf der Grundlage einer Theorie der psychosomatischen Wechselwirkungen Vorstellungen darüber, wie psychische Belastungen und extreme Lebenssituationen den körperlichen Zerfall und schließlich den Tod eines Menschen bewirken:

„Philosophen und Mediziner lehren mich, wie treffend die Stimmungen des Geists mit den Bewegungen der Maschine zusammenlauten. Gichtrische Empfindungen werden jederzeit von einer Dissonanz der mechanischen Schwingungen begleitet — Leidenschaften *mißhandeln* die Lebenskraft — der überladene Geist drückt sein Gehäuse zu Boden. — Wie denn nun? — Wer es verstünde, dem Tod diesen ungebahnten Weg in das Schloß des Lebens zu ebenen! — den Körper vom Geist aus zu verderben — ha! ein Originalwerk! — wer das zustand brächte! — Ein Werk ohnegleichen! — Sinne nach, Moor! — Das wär eine Kunst, die's verdiente, dich zum Erfinder zu haben. Hat man doch die Giftmischerei beinahe in den Rang einer ordentlichen Wissenschaft erhoben und die Natur durch Experimente gezwungen, ihre Schranken anzugeben, daß man nunmehr des Herzens Schläge jahrlang vorausrechnet und zu dem Pulse spricht, bis hierher und nicht weiter*! — Wer sollte nicht auch hier seine Flügel versuchen?

Und wie ich nun werde zu Werk gehen müssen, diese süße, friedliche Eintracht der Seele mit ihrem Leibe zu stören? Welche Gattung von Empfindnissen ich werde wählen müssen? Welche wohl den Flor des Lebens am grimmigsten anfeinden? *Zorn?* — dieser heißhungrige Wolf frißt sich zu schnell satt — *Sorge?* — dieser Wurm nagt mir zu langsam — *Gram?* diese Natter schleicht mir zu träge — *Furcht?* die Hoffnung läßt sie nicht umgreifen? — was? sind das all die Henker des Menschen? — Ist das Arsenal des Todes so bald erschöpft? — *(Tiefsinnend.)* Wie? — Nun? — Was? Nein! — Ha! *(Auffahrend.) Schreck!* — Was kann der Schreck nicht? — Was kann Vernunft, Religion wider dieses Giganten eiskalte Umarmung? — Und doch? — Wenn er auch diesem Sturm stünde? — Wenn er? — O so komme zu mir zu Hülfe *Jammer,* und du *Reue,* höllische Eumenide, grabende Schlange, die ihren Fraß wiederkäut und ihren eigenen Kot wiederfrißt; ewige Zerstörerinnen und ewige Schöpferinnen eures Giftes, und du, heulende *Selbstverklagung,* die du dein eigen Haus verwüstest, und deine eigene Mutter verwundest — Und kommt auch ihr mir zu Hülfe wohltätige

* Eine Frau in Paris soll es durch ordentlich angestellte Versuche mit Giftpulvern soweit gebracht haben, daß sie den entfernten Todestag mit ziemlicher Zuverlässigkeit vorausbestimmen konnte. Pfui über unsere Ärzte, die diese Frau im Prognostizieren beschämt!'' (II,1 — die Fußnote stammt von Schiller.)

Grazien selbst, sanftlächelnde *Vergangenheit*, und du mit dem überquellenden Füllhorn, blühende *Zukunft*, haltet ihm in euren Spiegel die Freuden des Himmels vor, wenn euer fliehender Fuß seinen geizigen Armen entgleitet. — So fall ich Streich auf Streich, Sturm auf Sturm dieses zerbrechliche Leben an, bis den Furientrupp zuletzt schließt — die *Verzweiflung*! Triumph! Triumph! — Der Plan ist fertig — schwer und kunstvoll wie keiner — zuverlässig — sicher — denn *(spöttisch)* des Zergliederers Messer findet ja keine Spuren von Wunde oder korrosivischem Gift.

Daß es sich bei dem von Franz Moor vorgetragenen Konzept nicht um eine zufällige Zusammenfassung von Beobachtungen handelt, zeigt in Blick in die gleichzeitig mit den ,,Räubern" entstandene Dissertation ,,Versuch über den Zusammenhang der thierischen Natur des Menschen mit seiner geistigen", die Schiller im Jahre 1780 einreichte:[60]

,,Aber die Tätigkeit der menschlichen Seele ist — aus einer Notwendigkeit, die ich noch nicht erkenne, und auf eine Art, die ich noch nicht begreife — an die Tätigkeit der Materie gebunden. Die Veränderungen in der Körperwelt müssen durch eine eigene Klasse mittlerer organischer Kräfte, die *Sinne*, modifiziert, und sozusagen verfeinert werden, ehe sie vermögend sind, in mir eine Vorstellung zu erwecken..."

Nach der Erörterung dieser Fragestellung und dem Postulat einer „Mittelkraft" zwischen Leib und Seele formuliert Schiller das „Fundamentalgesetz der gemischten Naturen":[61]

,,Die Tätigkeiten des Körpers entsprechen den Tätigkeiten des Geistes; d.h. jede Überspannung von Geistestätigkeit hat jederzeit eine Überspannung gewisser körperlicher Aktionen zur Folge, so wie das Gleichgewicht der ersteren, oder die harmonische Tätigkeit der Geisteskräfte mit der vollkommensten Übereinstimmung der letzteren vergesellschaftet ist."

Nach einigen Beispielen für die Stimmigkeit des ,,Fundamentalgesetzes" kommentiert Schiller in seiner Dissertation als literarisches Beispiel sogar Franz Moor, indem er ihn als Figur eines englischen Autors angibt! Der Bösewicht Franz nimmt nicht nur die moderne medizinische Betrachtungsweise für sich in Anspruch, sondern erscheint auch selbst als Opfer psychosomatischer Zusammenhänge:[62]

,,Der von Freveln schwer gedrückte Moor, der sonst spitzfindig genug war, die Empfindungen der Menschlichkeit durch Skelettisierung der Begriffe in nichts aufzulösen, springt eben jetzt bleich, atemlos, den kalten Schweiß auf seiner Stirne, aus einem schrecklichen Traum auf. Alle Bilder zukünftiger Strafgerichte, die er vielleicht in den Jahren der Kindheit eingesaugt, und als Mann absorbiert hatte, haben den umnebelten Verstand unter dem Traum überrumpelt. Die *Sensationen* sind allzu verworren, als daß der langsamere Gang der Vernunft sie einholen und noch einmal zerfasern könnte. Noch kämpft sie mit der Phantasie, der Geist mit dem Schrecken des Mechanismus. . . . . . Aus der Summe aller [Ideen] entspringt eine ganze äußerst zusammengesetzte Schmerzempfindung, die die Seele in ihren Tiefen erschüttert und den ganzen Bau der Nerven per consensum lähmt.''

Schiller hatte seine Beispiele nicht nur aus zweiter Hand, sondern erlebte sie auch unmittelbar an seinen Mitschülern:[63]

,,Pietistische Schwärmerei schien den Grund zum ganzen nachfolgenden Übel gelegt zu haben. Sie schärfte sein Gewissen und machte ihn gegen alle Gegenstände von Tugend und Religion äußerst empfindlich und verwirrte seine Begriffe. Das Studium der Metaphysik machte ihm zuletzt alle Wahrheit verdächtig und riß ihn zum andern Extremo über, so daß er, der die Religion vorher betrieben hatte, durch skeptische Grübeleien nicht selten dahin gebracht wurde, an ihren Grundpfeilern zu zweifeln. . . . .

Mit dieser Unordnung seiner Begriffe verband sich nach und nach eine körperliche Zerrüttung (ich getraue mir nicht, zu bestimmen, ob ein organischer Fehler im Unterleib zu Grunde liegt.). Es folgten Fehler im Verdauungsgeschäfte, Mattigkeit und Kopfschmerzen, welche, so wie sie Wirkungen eines zerrütteten Seelenzustands waren, hinwiederum diesen Zustand rückwärts verschlimmerten. Auf diese Art war der Weg zu der fürchterlichen Melancholie gebahnt, in die er einige Wochen versank. Es ist Verzweiflung an seiner eigenen Kraft. — Er sagte oftmals zu mir, er sei kein Mensch, denn er könne nicht denken. — Er sähe nicht ein, warum er leben sollte, da er ohne Absicht lebe — und dergl. mehr.''

Mit seinen Überlegungen und Kombinationen ist Schiller, wie immer man die pragmatisch-forsche und nicht in allen Konsequenzen begründbare Entscheidung auf philosophischem Gebiet bewerten mag, medizinisch in die Moderne vorgestoßen und wird entsprechend gewürdigt:[64]

,,Es ist immer schwierig festzustellen, zu welchem genauen Zeitpunkt eine neue Vorstellung oder Bewegung aufgetreten ist. Ideen kommen nicht fertig auf die Welt, sondern keimen und wachsen allmählich.

Wer würde eine Abhandlung über Psychosomatik aus der Feder eines Dichters erwarten? Und doch umriß der große *Friedrich Schiller*, Dichter, Dramatiker und Historiker, in seiner Dissertation, die er als Kandidat der Medizin im Alter von zwanzig Jahren schrieb, die Beziehung zwischen Seele und Körper in bemerkenswert moderner Art. Der Mensch sei nicht Seele oder Leib, sondern die Vereinigung von beiden, stellt er fest. Mit einer Fülle von anschaulichen Beispielen begründet er seinen Standpunkt überzeugend. So würden etwa Seeleute, die auf dem Ozean umhertrieben und Hunger und Durst litten, sofort wieder zu Kräften kommen, wenn vom Mastkorb der Ruf ,Land in Sicht' ertönte. Weitläufig, wenn auch nicht ganz zutreffend behandelt er offensichtliche Ausnahmen, die in Wirklichkeit nur Anzeichen des gleichen Gesetzes sind. Zum Beispiel könnte ein Wutanfall ,die hartnäckigste Verstopfung beenden' oder Furcht ,alte Schmerzen in den Gliedern oder unheilbare Lähmung' beseitigen.

Wäre Goethes Zechbruder bei der Medizin geblieben, anstatt sie zugunsten der Literatur fallenzulassen, so hätte man heute von ihm vielleicht eine Art psychosomatisches Lehrbuch, denn Schiller war ein naturwissenschaftlich beobachtender Geist. Da sein Beitrag zur medizinischen Psychologie sowohl von Literaten als auch von Medizinern nicht beachtet wurde, ist er kaum bekannt."

Franz Moor liefert zur Theorie der Schillerschen Dissertation das Paradebeispiel für die Betrachtungsweise der psychosomatischen Medizin. Einmal mehr läßt der Dichter seinen negativen Helden in einer modernen Beleuchtung ,,erschillern".

Der Materialismus Franz Moors
als Anreiz zum Bedenken existenzieller
Fragen des Menschseins

Über das Protestpotential hinaus wirft die Suche nach einer Bestimmung des Verhältnisses von Materie und Geist, Körper und Seele, Physis und Psyche Fragen von persönlichster, existenzieller Bedeutung auf. Die Fragen „Was ist die Welt? Was ist das All? Was ist der Mensch — ein Körnchen Staub in einem unendlichen All oder ein Wesen, das mithilfe seiner Seele Unsterblichkeit erlangt? Bewegt sich der Mensch nach zufälligen Wirbeln der Materie oder nach dem Plan eines Weltenlenkers? Zerfalle ich mit dem Tod ins Nichts — und wofür war dann *mein* Leben? — oder bin ich in der Obhut eines höheren Prinzips oder eines persönlichen Gottes aufgehoben?" — all diese Fragen sind geistige Ausgangspunkte, von denen aus jeder Mensch einmal über den Sinn des Lebens nachsinnt.

In der Geschäftigkeit des alltäglichen Umgangs mit „Materie" und mit seinen Mitmenschen tauchen die existentiellen Fragen kaum auf. In der Pragmatik des Berufsalltags kommt es auf benennendes Unterscheidungsvermögen und schnelles Handeln in überschaubaren Bezügen an. Somit verblaßt in der heutigen schnellebigen Zeit der existentielle Charakter der Opposition von Geist und Materie auf der ontologischen, Idealismus und Realismus auf der erkenntnistheoretischen Seite. Die normale Erfahrung garantiert den angemessenen Umgang mit der Welt, so daß auch die „Wissenschaft" seit längerem vorschlägt:[65]

„daß es keinen wissenschaftlichen Sinn hat, hinter der Erfahrung noch irgend etwas als ihren Träger oder Erzeuger vorauszusetzen....."

„Es gibt nichts Absolutes, es gibt nur Wärme — usw. Differenzen, nur relative Wärmen ..... Wir können kaum genug auf der Hut vor der Substanzvorstellung sein."[66]

Früherer Philosophie „lag der Gedanke noch fern, daß die ‚Namen', die wir den Gegenständen der Welt zusprechen, zwar einerseits *vorfindlichen* Abgrenzungen folgen, andererseits aber solche Grenzen erst setzen ..... In der Erkenntnistheorie hat man demgemäß ‚Realismus' und ‚Idealismus' unterschieden, oft ohne zu sehen, daß es hier auf einen Kompromiß ankommt, der nur dann als schlechter Kompromiß erscheint, wenn man zuvor eine schlechte Antithese von Standpunkten aufgestellt hat."[67]

Moderne Zurückhaltung hat das metaphysische Bedürfnis zum Gegenstand von Sekten und psychotherapeutischen Ersatzhandlungen herabsinken lassen. Das war nicht immer so. Seit Friedrich Engels hat der in der kommunistischen Welt noch heute als offizielle Weltanschauung geltende Dialektische Materialismus das metaphysische Interesse der Menschen angesprochen. Die gängige Eingangsformulierung in das philosophische Lehrgebäude lautet bei Engels:[68]

„Die große Grundfrage aller, speziell neueren Philosophie ist die nach dem Verhältnis von Denken und Sein. [.....] nach dem Verhältnis [.....] des Geistes zur Natur ....."

Gegen einen Materialismus schrieb in diesem Dialog zur Metaphysik der Pädagoge und Philosoph Friedrich Paulsen, der Generationen von Bildungsbürgern Philosophie nahebrachte — und übrigens auch von Mao-Tse-Tung geschätzt wurde:[69]

„Wenn der Materialismus recht hätte, dann wäre alles in der Welt erklärlich, nur er selbst, die materialistische Theorie des Universums, wäre unerklärlich; alles mögen die Atome leisten, nur philosophieren und sich von sich selber Begriffe machen, daß sie auch das leisten, wird immer auch für ihren intimsten Kenner etwas Überraschendes und Unbegreifliches bleiben."

Ohne philosophische Entscheidungen zu treffen, wird durch den Hinweis auf zwei populäre Autoritäten, denen man aus der Diskussion um die vorwärtsstürmenden Naturwissenschaften mühelos weitere Denker hinzufügen könnte, deutlich, daß Schillers „Räuber" durch die Figur des Franz Moor weit über die Lebenszeit des Autors hinaus im Dialog mit denjenigen Denkern stehen, die über existentielle Probleme nachdenken — denn:

,,Das Leib-Seele-Problem ist das Gipfelproblem aller theoretischen Psychologie, an dem auch eine Reihe einzelwissenschaftlicher, psychologischer, physiologischer und biologischer Fragen orientiert sind, und das Zentralproblem aller Metaphysik, der Kern aller weltanschaulichen Problematik."[70]

Dabei bedeutet die Beschäftigung mit der Figur des Franz Moor keineswegs einfach das Studium einer historischen Position.

Im Gegenteil: So wie Schiller aufgrund seiner Beobachtungen schließlich eine ,,Mittelkraft' zwischen Leib und Seele postulierte (vgl. o. S. 79ff.), so findet man es auch in neuerer Zeit angemessen, in Ermangelung anderer, naturwissenschaftlich beweisbarer Konzepte, die Beziehungen zwischen Leib und Seele durch eine ,,Wechselwirkungslehre" zu erklären.[71] Zur philosophischen Seite des Problems liefert alle Forschung keine definitive Entscheidung und in Bezug auf den Zustand des individuellen Menschen bleibt das Leib-Seele-Problem in der Schwebe.[72]

Abgesehen von der geistes- und kulturgeschichtlichen Tradition, die die Gestalt des Franz Moor repräsentiert, ist gerade der junge Mensch auf eine existentielle, grundsätzliche Sichtweise der Welt eingestellt. In dieser Haltung kommt dieselbe Radikalität zum Ausdruck, die die Wirklichkeit ohne vermittelnde Deutungen und Erfahrungen an Idealen mißt und die die Umwelt mit einer radikal anderen Sprache und einem rüden Umgangston erschreckt und schockiert.

Der junge Mensch versucht, für seine Person zu entscheiden, ob er und sein Leben einen transzendentalen Sinn erfüllen kann oder als Materie gerade eben mechanisch funktioniert. Die Entscheidung über eine Sinnstiftung durch ein geistiges Prinzip berührt auch die Frage, wie der Heranwachsende auftreten und handeln, wie er seine nunmehr zu bestimmende Position in der Erwachsenenwelt definieren soll. In der Jugend besteht noch nicht der permanente Handlungszwang der beruflichen und zwischenmenschlichen Aktivitäten, so daß Zeit vorhanden ist, über Gott und die Welt nachzusinnen, um Orientierungsmarken zu finden.

Existentielle Fragen sind nicht nur für junge Menschen ein Thema. Gerade wenn der Mensch im Prozeß des Erwachsenwerdens durch die vorgegebenen Alltagsnormen des Umgangs mit Welt und Mensch existentieller Grübelei enthoben worden ist, werden ihm durch die Begegnung mit Franz Moor wieder die Grundtatsachen der menschlichen Existenz vor Augen geführt. Spätestens dann, als Franz Moors fein abgestimmte Selbstsicherheit in einem schaurigen Todeskampf zusammenbricht, als materialistischer Atheismus keine Sicherheit mehr für die empfindende Persönlichkeit gewähren kann (S. o. S. 64ff.) — spätestens dann ist der Leser oder der Zuschauer zu einer Entscheidung in eigener Person aufgerufen. Schillers Drama macht dem erwachsenen Leser bzw. dem Zuschauer klar, daß aus der Jugendzeit noch etwas Unerledigtes in seinem Bewußtsein aufgeräumt werden muß. Durch Franz Moor empfindet man wieder, daß letzten Endes weder der berufliche Alltag das persönliche metaphysische Bedürfnis dauerhaft verschütten kann noch die ,wissenschaftliche' Ablehnung eines letzten Weltprinzips den suchenden Menschen zufriedenstellt.

Die umfassende Einordnung der Gedanken und Handlungsantriebe des Franz Moor zeigt, daß für das Weiterleben des Schillerschen Erstlings nicht nur der jugendliche Feuerkampf Karl Moor wirksam ist, sondern in gleicher Weise der — wie Schiller selbst betonte[73] — philosophisch angelegte Charakter des Franz Moor.

Schillers „Räuber" — Räuber?

Die bisherige Interpretation von Schillers „Räubern" hat viel
von literarischen Strömungen berichtet, von Moden und
Motiven, von Vorbildern und literarischen Traditionen, von
philosophischen und staatspolitischen Grundgedanken —
aber nie von *„Räubern"*. Fast könnte es scheinen, als habe
die Deutung des Schillerschen Dramas das Thema verfehlt!
Heißt es doch auch bei einem Autor, der im Polizeidienst Öffentlichkeitsarbeit betrieb und somit etwas von kriminellen
Räubern verstehen müßte:[74]

„Selbst Schiller sah im Bairischen Hiasl die Freiheit verkörpert. ‚Die Räuber' — so stellen Historiker glaubhaft fest —
seien entstanden, als Schiller vom abenteuerlichen Leben
und grauenvollen Ende des Matthias Klostermayer erfahren
hatte. So wurde im Jahre 1781 — zehn Jahre nach seiner
Hinrichtung — der Bairische Hiasl von einem Dichter in der
Gestalt des edlen Räuberhauptmanns Karl Moor bei der Uraufführung der ‚Räuber' in Mannheim zum ersten Mal verherrlicht."

Unter O.E. Breibecks „Ertz-Maleficanten" finden sich noch
weitere Gestalten, die Schiller angeregt haben könnten: So
gab es in der Bandes des Lips Tullian einen „Studenten
Friedrich" — wie es unter Schillers „Räubern" Studenten
gibt. Beim Klostermayer wirkte ein „Schweizerle" in der
Bande mit, und auch im Stück heißt einer der Räuber
„Schweizer".

In Schillers Drama treten finstere Räubergestalten auf, vor
allem Karl Moors Gegenspieler, der hinterhältige Spiegelberg. Sein Meisterstück war es, einen Unschuldigen unter
seinem Namen an den Galgen zu bringen:

„Ich geh letzthin in die Druckerei, geb vor, ich hätte den berüchtigten Spiegelberg gesehn, und diktier einem Skrizler,
der dort saß, das leibhafte Bild von einem dortigen Wurmdoktor in die Feder, das Ding kommt um, der Kerl wird eingezogen, par force inquiriert, und in der Angst und in der

Dummheit gesteht er dir, hol mich der Teufel! gesteht dir, *er sei der Spiegelberg* — Donner und Wetter! Ich war eben auf dem Sprung, mich beim Magistrat anzugeben, daß die Canaille mir meinen Namen so verhunzen soll — wie ich sage, drei Monat drauf hangt er. Ich mußte nachher eine derbe Prise Tobak in die Nase reiben, als ich am Galgen vorbeispazierte, und den Pseudo-Spiegelberg in seiner Glorie da paradieren sah — und unterdessen daß Spiegelberg hangt, schleicht sich Spiegelberg ganz sachte aus den Schlingen, und deutet der superklugen Gerechtigkeit hinterrucks Eselsohren, daß's zum Erbarmen ist." (II,3)

Es gibt auch eine dramatische Szene, die aus dem Leben des Bairischen Hiasl übernommen zu sein scheint: Der bairische Räuberhauptmann wurde erst gefangen, nachdem eine ganze Kompanie Soldaten ihn umstellt hatte und beide Parteien sich ein mehrstündiges Feuergefecht geliefert hatten. Karl Moor und seine Bande geraten gleichfalls in eine Umzingelung von Soldaten. Schiller läßt Moor den Ring der Soldaten nach Kampf durchbrechen. 300 Soldaten werden getötet. (Vgl. II,3)

Ist also Schiller doch den Vorlagen der tatsächlichen Räubergeschichten gefolgt? — Nein! Den Schillerschen „Räubern" fehlt das soziale Milieu der tatsächlichen Räuber:[75] Um die Banden lagerte sich ein Netz von Hehlern und regelrechte Ketten von Gasthäusern, die Unterschlupf boten. Im übrigen gab es neben den Kernbanden, die über weite Entfernungen Ziele für Überfälle ausbaldowerten, ‚Hilfsräuber', die man kurzfristig am Ort des Geschehens engagierte.

Innerhalb der Banden lernte man den Räuberberuf wie ein Handwerk mit speziellen Fertigkeiten und Verständigungssystemen.

Eine vor allem gegenüber dem einfachen Volk barbarisch strenge und allzuoft ungerechte Obrigkeit sowie eine fehlende soziale Absicherung bei den Wechselfällen des Lebens führte immer wieder neue Menschen in einen Bodensatz der Gesellschaft, der nirgends ansässig wurde oder die Chance für eine Resozialisation erhielt. Aus diesem fahrenden Volk, das zwischen 10-20 % der Bevölkerung ausmachte, mußte zwangsläufig um des Lebensunterhalts willen das unehrliche Handwerk Zuzug enthalten.

All diese Merkmale des Räuberwesens fehlen in Schillers Drama. Die soziale Wirklichkeit hat Schiller nicht nachgestaltet. Sein Räuber Moor tritt als edler Held, als nach Idealen Strebender auf, der darunter leidet, daß er bei der Ausübung des Räuberhandwerkes auch Grausamkeiten in Kauf nehmen muß. (s. o. S. 72ff.).

Diese Bedenken teilten die tatsächlichen Räuber nicht. Wenn auch das unterdrückte einfache Volk die Räuber als Rebellen gegen die unzumutbar strenge Obrigkeit bewunderte, so bildeten die Räuber nicht die Vorhut einer sozialen Bewegung. Sie verfolgten private Interessen und bewiesen weder das soziale Gewissen eines Karl Moor noch lenkten sie ihre Taten in der Weise, daß man sie als richterliche Aktionen anstelle fehlender obrigkeitlicher Gerechtigkeit ansehen konnte — wie es bei Karl Moor der Fall war.

Es gibt im übrigen einen treffenden Beleg dafür, daß Schiller wußte, daß die Räuber seiner Zeit nicht von sozialen Gefühlen beseelt waren. In seiner ,,Geschichte vom Verbrecher aus verlorener Ehre'', die Aufgrund eines Tatsachenberichtes durch seinen Lehrer Abel entstand, stellt Schiller das räuberische Milieu realistischer und weniger romantisch vor:[76]

,,,Ich bleibe bei euch, Kameraden', rief ich laut mit Entschlossenheit und trat mitten unter die Bande; ,ich bleibe bei euch', rief ich nochmals, ,wenn ihr mir meine schöne Nachbarin abtretet!' — Alle kamen überein, mein Verlangen zu bewilligen; ich war erklärter Eigentümer einer H[ure] und das Haupt einer Diebesbande.''

,,Ein Jahr schon hatte er das traurige Handwerk getrieben, als es anfing, ihm unerträglich zu werden. Die Rotte, an deren Spitze er sich gestellt hatte, erfüllte seine glänzenden Erwartungen nicht. Eine verführerische Außenseite hatte ihn damals im Taumel des Weines geblendet; jetzt wurde er mit Schrecken gewahr, wie abscheulich er hintergangen worden. Hunger und Mangel traten an die Stelle des Überflusses, womit man ihn eingewiegt hatte; sehr oft mußte er sein Leben an eine Mahlzeit wagen, die kaum hinreichte, ihn vor dem Verhungern zu schützen. Das Schattenbild jener *brüderlichen* Eintracht verschwand; Neid, Argwohn und Eifersucht wüteten im Innern dieser verworfenen Bande. Die Gerechtigkeit hatte demjenigen, der ihn lebendig ausliefern würde, Belohnung, und wenn es ein Mitschuldiger wäre, noch eine feierliche Begnadigung zugesagt — eine mächtige Versuchung für den Auswurf der Erde! Der Unglückliche kannte seine Gefahr. Die Redlichkeit derjenigen, die Menschen und Gott verrieten, war ein schlechtes Unterpfand seines Lebens. Sein Schlaf war von jetzt an dahin; ewige Todesangst zerfraß seine Ruhe; das gräßliche Gespenst des Argwohns rasselte hinter ihm, wo er hinfloh, peinigte ihn, wenn er wachte, bettete sich neben ihm, wenn er schlafen ging, und schreckte ihn in entsetzlichen Träumen. Das verstummte Gewissen gewann zugleich seine Sprache wieder, und die schlafende Natter der Reue wachte bei diesem allgemeinen Sturm seines Busens auf. Sein ganzer Haß wandte sich jetzt von der Menschheit und kehrte seine schreckliche Schneide gegen ihn selber. Er vergab jetzt der ganzen Natur und fand niemand als sich allein zu verfluchen."

Schiller hielt überdies die Sicherheitsvorkehrungen des ‚modernen' Staates für so vortrefflich, daß ihm eine Moorsche Räuberbande in der Realität für undenkbar erschien:[77]

„Allerdings ist der Einwurf, daß schwerlich in unserm hellen Jahrhundert, bei unserer abgeschliffenen Polizey und Bestimmtheit der Gesetze eine solche meisterlose Rotte gleichsam im Schoos der Gesetze entstehen, noch viel weniger einwurzeln und einige Jahre aufrecht stehen könnte, allerdings ist dieser Vorwurf gegründet, und ich wüßte nichts dagegen zu setzen, als die Freiheit der Dichtkunst, die Wahrscheinlichkeiten der wirklichen Welt in den Rang der Wahrheit, und die Möglichkeit derselben in den Rang der Wahrscheinlichkeit heben zu dürfen."

Seine romantische Darstellung der Räuber kommentierend, hat Schiller selbst in der „Unterdrückten Vorrede" zu den Räubern befürchtet, daß man seinen „Mordbrenner" „bewundern", „lieben" und „bedauern" wird, statt ihn zu „verabscheuen". Viele kurzsichtige Zuschauer dürften „sich durch eine schöne Seite bestechen lassen [.....] oder wohl gar eine Apologie des Lasters darin finden [.....]"[78]

Wenn Schiller dennoch die „Räuber" als Rahmen für seine dramatische Handlung wählte, dann aus anderen Gründen als denen der wirklichkeitsgetreuen Schilderung der Umwelt: Erinnerte man den ‚braven' Bürger an die Räuber, so jagte man ihm angesichts der Vorstellung des Überfallenwerdens und des Schaffots grausige Schauer über den Rücken. Den Bürger zu schockieren — das gehörte zu den gestalterischen Mitteln der Sturm-und-Drang-Jünglinge.

Auf der anderen Seite war die Vorstellung von Räubern in eine völlig andere Stimmungslage eingebettet: Sie führte bis zu den phantastischen Geschichten um den Räuberhauptmann „Rinaldo Rinaldini", die 1798 von Gothes späterem Schwager Christian August Vulpius veröffentlicht wurden. Das Räuberleben erscheint hier als eine Idylle, als eine Art ursprünglichen Lebens. Es gab sogar ganze Bildserien, die Räuberidyllen ihren Betrachtern nahebrachten. Im Historischen Museum der Pfalz in Speyer finden sich neben anderen Räubermotiven auch Gemälde des Malers Friedrich Müller (1749-1825), der als „Maler Müller" zu dem Kreis der Sturm-und-Drang-Jünglinge zählte. Dem Leser mögen die folgenden Bilder eine Anschauung von der idyllischen Empfindsamkeit geben, die Schillers Zeit auch dem Räuberleben verleihen konnte und mit der jene Zeit das Leben fahrender Leute und das der Räuber mithilfe einer friedlichen und beschaulichen Atmosphäre vereinte:

Zigeuner im Begriff Rast zu machen
von Friedrich Müller (Maler-Müller, 1749-1825)
(c) Historisches Museum der Pfalz, Speyer

Briganten bei der Rast am Wege
von Friedrich Müller (Maler-Müller, 1749-1825)
(c) Historisches Museum der Pfalz, Speyer

Aufgrund der künstlerischen Verklärung des Räubertums, die eine Modestimmung des Publikums widerspiegelte, konnte Schiller einen ‚edlen' Räuberhauptmann als positiven Helden auf der Bühne präsentieren.

Universales Wissen und Welttheater: Das Ergebnis der Schillerschen Studienjahre

Angesichts der Erweiterungen, die sowohl vom Inhalt als auch vom Gehalt her die Charaktere und Konstellationen des Dramas weit über das Maß der literarischen Vorlagen hinaus erfahren haben, ist es fraglich, ob die Interpretation der ,,Räuber" als ein Jugend-Protest-Stück angemessen ist. Der Gefühlsausbruch eines Sturm-und-Drang-Empfindens gegen rationalistische Weltverengung und gegen das herrschende politische System ist höchstens ein Aspekt des Stückes. Über dem kraftmeiernden jugendlichen Protestgebaren und hinter der spannenden Räuberpistole wird oftmals vorschnell auf eine bedrückte Jugend des Autors selbst geschlossen. Dabei wird übersehen, was die Hohe Karlschule trotz des militärischen Reglements auch und vor allem war:[79]

Die ,,Militärakademie" war eine Gründung im Geiste des aufgeklärten Absolutismus. Hier wollte der Staat seine Handwerker und Künstler (für den Vergnügungsbetrieb des Hofes), seine Offiziere und Verwaltungsbeamten und schließlich sogar seine Mediziner ausbilden.

Die Hohe Karlschule war — an derzeitigen Institutionen gemessen — eine Vorläuferin der Verwaltungsschulen und Fachhochschulen der öffentlichen Hand, an denen heute die Fachkräfte des öffentlichen Dienstes ausgebildet werden. Dabei hat die Gründung des Herzogs Karl Eugen sogar noch diejenigen Fachkräfte ausgebildet, die heute nur über ein Universitätsstudium in die Führungsetagen des öffentlichen Dienstes gelangen, nämlich Juristen und Medizinalräte. Die Hohe Karlschule verfolgte ein anspruchsvolles Ziel und war von der Konzeption her eine Einrichtung, die in die Moderne weist. Der universale und moderne Charakter dieser Bildungseinrichtung findet seine Entsprechung im Curriculum der Schule, in den Lehrkräften und im vorherrschenden pädagogischen Geist, der sich durchaus unmilitärische Bereiche zu reservieren wußte.

Der Gang der Lehrveranstaltungen sah eine allgemeinbildende Grundlage etwa in der Art eines neuhumanistischen Gymnasiums vor, an die sich eine Spezialisierung in die einzelnen Fachrichtungen anschloß. Die Bildungskonzeption der Anstalt schien derart beeindruckend, daß die Universität Tübingen und das Stuttgarter Gymnasium Einwände gegen die Gründung der Militärakademie erhoben, da sie um ihren Ruf und um ihre Spitzenstellung fürchteten.

Theologie wurde an dieser Schule, zu denen Landeskinder aus allen konfessionellen Richtungen ausgewählt wurden, nicht unterrichtet, denn der Herzog hatte sich für keine der Konfessionen entschieden. Allerdings blieben die Zöglinge nicht ohne geistliche Erziehung. Im Sinne einer aufgeklärten Toleranz wurden die Andachten für die Zöglinge dergestalt abgehalten, daß sowohl Protestanten als auch Katholiken folgen konnten.

Die Akademie nahm weitgehend kostenfrei die Söhne von bürgerlichen Landesbeamten auf, und sie war — gegen volles Entgelt — offen für die Söhne von Adligen aus dem deutschen und dem außerdeutschen Ausland.

Wenn auch das Reglement in äußeren Dingen streng war und vom Herzog anhand von Abhaklisten kontrolliert wurde, so war die innere Verfassung der Schule keineswegs militärisch. Das Interesse des Herzogs entsprang einem echten pädagogischem Impuls — wenn er sich auch dilettantisch äußerte. Karl Eugen berief überwiegend junge Lehrkräfte — und nicht etwa, weil sie besonders anpassungsfähig gewesen wären. Die Lehrkräfte hatten weitgehende Freiheit der Lehre, und das Verhältnis von Lehrern zu Schülern war zahlenmäßig derart günstig, daß der persönliche und menschliche Kontakt zwischen Lehrenden und Lernenden stets sehr eng blieb. Das günstige Zahlenverhältnis von Lehrern zu Schülern brachte es auch mit sich, daß nicht der Frontalunterricht dominierte, sondern der Unterrichtsstoff gesprächsweise erörtert wurde. Die Arbeitszeiten, auch die des privaten Studiums, waren vorgeschrieben und standen unter Aufsicht; die so berechnete Gesamtarbeitszeit von 47 Stunden in der Woche erscheint ungemein hoch. In der Tat bewältigten die Absolventen der Akademie ein stoffliches Pensum, das über dem der normalen Bildungsanstalten lag. Dennoch blieb Zeit für literarische Betätigungen. Obwohl neuere literarische Texte offiziell verboten waren, kann man davon ausgehen, daß sie stillschweigend geduldet wurden. Die Lehrer genehmigten auch Schillers erste literarische Versuche im ,,Schwäbischen Magazin von gelehrten Sachen'' in den Jahren 1776 und 1777.

Nachdem nach der Übersiedelung der Akademie in die Landeshauptstadt Stuttgart mit der Schaffung einer medizinischen Fakultät die Möglichkeit gegeben war, die ungeliebte Jurisprudenz aufzugeben, entwickelte sich Schiller zum ausgezeichneten Schüler. Die Medizin kam seinen Interessen entgegen, denn sie beschäftigte sich mit dem Menschen, und überdies hatte die Philosophie einen festen Platz in dieser angehenden Wissenschaft. Es ging dabei nicht um eine von Fachgrenzen beengte Naturphilosophie, sondern im Gefolge der Seinsphilosophie — der Frage ,Materialismus oder Idealismus?' — um die Wechselwirkungen zwischen Körper und Außenwelt sowie Körper und Seele und damit schließlich um den Menschen schlechthin. In moderner Terminologie wurde um die Bestimmung des Menschen als psychophysischer Einheit gerungen und der Mensch als eine zu vielfältigen Reaktionen fähige psychosomatische Einheit betrachtet.

Die Qualität dieses ,,medizinischen'' Unterrichts wird durch das Urteil moderner Psychologen bestätigt. Sie werten Schillers Dissertation als ,,Quellschrift der modernen Psychosomatik''.[80]

Ein Vorbild, das herausragende und bahnbrechende medizinische Leistungen mit dichterischer Neigung verband, konnte das Fach ebenfalls aufweisen, nämlich den Schweizer Medizinprofessor Albrecht von Haller (1708-1777). Die moderne Medizin schätzt Schillers im eigentlichen Sinne medizinisches Wissen als durchaus auf der Höhe seiner Zeit ein[81], und so kann man vermuten, daß Schiller eine Zeitlang an eine wissenschaftliche Karriere gedacht hat, ohne die völlige Aufgabe seiner poetischen Neigungen in Kauf nehmen zu müssen. Schon ein Jahr vor Ablauf des fünfjährigen medizinischen Kursus' reichte Schiller den ersten Versuch einer Dissertation ein. Zwar wurde der Text als Dissertation abgelehnt, doch bedeutete die Zurückweisung keine Disqualifikation des Eleven Schiller. Schiller erhielt nämlich kurz darauf für hervorragende Leistungen mehrere Medaillen. Ein Jahr später, in der vorgeschriebenen Zeit also, erreichte Schiller mit einer neuen Dissertation den Abschluß seiner Studien.

Es wird nun verständlich, warum in Schillers ,,Bearbeitung'' Schubarts kleine Geschichte der feindlichen Brüder nicht wiederzuerkennen ist. Schiller hat sämtliche literarische Vorlagen erweitert und sowohl die Gehalte aktueller literarischer Motive und Strömungen eingearbeitet als auch den auf der Schule diskutierten staatsphilosophischen, metaphysischen, psychologischen und medizinisch-psychosomatischen Lehrstoff in die Hauptfiguren Karl und Franz Moor hineintransponiert. Auf diese Weise ist ein vielschichtiges ,,Welt-Theater'' entstanden, das über die altersspezifische Problematik des Hineinwachsens der Jugend in die Gesellschaft hinaus existenzielle Fragen des Menschseins und des gesellschaftlichen Zusammenlebens gestaltet. Geschickt wird der Geschmack des Publikums benutzt, um univerales Wissen vorzutragen und Probleme anzusprechen, die selbst unter geänderten gesellschaftlichen Bedingungen noch als aktuelle diskutiert werden können. Auch der Leser späterer Zeiten kann in den ,,Räubern'' immer wieder und immer noch die Anknüpfungspunkte individueller und gemeinschaftlicher Existenzfragen vorfinden. Hierin liegt der Grund für die anhaltende Beliebtheit des 200 Jahre alten Dramas.

Die Flucht des jugendlichen Protestierers: Kern eines Autoren-Images

Nach der Darlegung dieser Zusammenhänge erscheint die Interpretation der ,,Räuber" als ausschließliche Protesthaltung der Jugend gegen einen grausamen Landesvater vor allem den Weltbildern und Wünschen der entsprechenden Interpreten zu dienen statt auf den tatsächlichen Gehalt des Stückes einzugehen. Aber wie die Stilisierung der literarischen Erzeugnisse einer Gruppe junger Autoren jener Zeit zur ,Zeitströmung' des Sturm und Drang mit dem Ziel des Aufbruchs in das Reich der Freiheit eine sicher sinnvolle, aber doch nachträgliche interpretatorische Schöpfung der Literaturhistoriker ist[82], so gehört die Bewertung der ,,Räuber" als Aufschrei der Jugend gegen die Knechtung in einem absolutistischem Regierungssystem zur Imagepflege für einen Autor, der einen Ruf brauchte, um seinen Lebensunterhalt als Schriftsteller zu verdienen, und der anderen und späteren Generationen immer wieder als Identifikator für den eigenen Freiheitsdrang diente. Das Image des vor einem absolutistischen Herrscher fliehenden jungen Menschen kam erst nach Beendigung der Schul- und Universitätsausbildung auf. Jetzt nämlich zeigte sich, daß die Beamtenstelle, die der Absolvent der Hohen Karlsschule einnehmen mußte, höchst untergeordnet und von geringem Reiz war. Es erwies sich auch, daß der medizinische Abschluß der Hohen Karlsschule nicht den vollen Medizinerstatus erwirkte, sondern noch durch ein Zusatzexamen an der Universität Tübingen ergänzt werden mußte. Schiller wurde nur ein nachgeordneter Militärarzt in einem Invalidenregiment. Seine Anordnungen bedurften der Gegenzeichnung des 1. Arztes und eine Nebentätigkeit mit einer freien Praxis wurde nicht erlaubt. Das Gehalt war gering und reichte nicht, um jugendliche Eskapaden abzudecken. Es ist nur zu natürlich, daß Schiller sein schriftstellerisches Talent einsetzte, um ein Äquivalent zu dem schlecht bezahlten Erotberuf zu erwirken. Dabei geriet er in Konflikt mit seiner Beamten- und Soldateneigenschaft: Zunächst machte er sich bei heimlichen Besuchen in Mannheim, wo er am Nationaltheater die theatermäßige Umsetzung seines Erstlings „Die Räuber" verfolgte, der unerlaubten Entfernung von der Truppe schuldig. Sodann verursachte eine — beiläufige — Äußerung im Drama über den räuberischen Charakter von Graubündenern außenpolitischen Wirbel.[83] Von einem Staatsbeamten erwartete der Herzog auch außerhalb der dienstlichen Obliegenheiten die Staatsgeschäfte nicht beeinträchtigende Äußerungen. Der Herzog — als oberster Dienstherr — verwarnte seinen Soldaten und Beamten Schiller und verhängte schließlich soldatischen Arrest und Schreibverbot.

Schiller hat wiederholt versucht, seine Beamtenstelle — den Brotberuf — zu erhalten, ohne seine schriftstellerische Neigung unterdrücken zu müssen.[84] Er stellte in Aussicht, sich mit Hilfe der Einnahmen aus der Nebentätigkeit als Mediziner weiter zu qualifizieren und einen vollwertigen Abschluß zu erreichen. Der Dichter des „Freiheitshelden" Karl Moor bot die Darreichung aller schriftstellerischen Arbeiten für eine Vorzensur an, und er versuchte über Beziehungen, den Herzog umzustimmen.

Erst nachdem alle Versuche, Amt und schriftstellerische Nebentätigkeit zu vereinbaren, gescheitert waren, akzeptierte Schiller die „völlige Trennung von Vaterland und Familie" „als die notwendigste Führung des Himmels"[85] und entschied sich für die Laufbahn des freien Schriftstellers, zumal er schon weitere konkrete Dramenpläne hatte, die er bald als „Fiesco" und „Kabale und Liebe" veröffentlichte. Nunmehr verbesserte eine „Flucht" den Marktwert eines jungen Autors nachhaltiger als es eine schlichte Ausreise nach einer förmlichen Demission getan hätte. Der Inhalt der „Räuber" war im übrigen auch in Württemberg grundsätzlich nicht verpönt. Nur zwei Jahre nach der „Flucht" seines Soldaten und Beamten Schiller ließ es der Herzog in seiner absolutistischen Unberechenbarkeit zu, daß man das Stück des

,,Deserteurs'' Schiller in Stuttgart aufführte, in der Rolle des Franz Moor jener Iffland, der auch bei der Uraufführung in Mannheim das Publikum zur Raserei gebracht hatte. Das Stück war äußerst beliebt, erlebte zahlreiche Aufführungen und füllte die herzoglichen Kassen.

Anmerkungen

1) So Goethe 1827, zitiert nach *P. Uhle,* Schiller im Urteil Goethes, Leipzig/ Berlin 1910, S. 73f.

2) Goethe 1830, zitiert nach a.a.O., S. 74f.

3) Erläuterungen zu Schillers Jugenddrama „Die Räuber", neu bearb. von Prof. Dr. Oswald Woyte, 21. Aufl., Hollfeld o.J. (Königs Erläuterungen 28).

4) *M. H. Ludwig,* Erläuterungen zu: Friedrich Schiller, „Die Räuber", Hollfeld 1978 u.ö. (Königs Erläuterungen und Materialien 28/28a).

5) *Helmut Koopmann,* Schiller-Forschung 1970-1980. Ein Bericht, Marbach am Neckar 1982, S. 66.
   Der Hinweis behält seine Gültigkeit auch angesichts des jüngsten Aufsatzes über Schillers Drama: *J. E. Schlunk,* Vertrauen als Ursache und Überwindung tragischer Verstrickung in Schillers „Räubern". Zum Verständnis Karl Moors, in: Jahrbuch der Deutschen Schillergesellschaft, Bd. 27 (1983), S. 185-201.
   In die Richtung der vorliegenden Interpretation weist *Karl Wolff,* Schillers Theodizee, Leipzig 1909. Allerdings wird durch die ausschließliche Beachtung eines Bezugs Schillerscher Gedanken zur Theodizee eine pessimistische Grundstimmung, wie sie bisweilen in den empfindsamen Passagen der „Räuber" durchscheint, überbetont. Dabei werden auch — sofern überhaupt beachtet — staatsphilosophisch motivierte Passagen der „Räuber" unzulässigerweise einem pessimistischen Lebensbild zugeordnet.

6) S.o. Anm. 3, S. 65-71 ('Karl Moor' bis ‚Die Räuber').

7) *Rolf Hochhuth,* Räuber-Rede, veröffentlicht in Reinbek bei Hamburg 1982, hier zitiert nach dem Programmheft der Würzburger Festspielgesellschaft: Würzburger Festspiele '83, Friedrich Schiller, Die Räuber, Würzburg 1983 [S. 10].

8) Ebda.

9) *P. Kampffmeyer,* Geschichte der Gesellschaftsklassen in Deutschland, Berlin 1910, S. 99.

10) Vgl. *Hans Heinrich Muchow,* Jugend und Zeitgeist. Morphologie der Kulturpubertät, Reinbek 1962, S. 57f. Für Muchow bilden die Stürmer und Dränger und ihre Gestalten eine beispielhafte Jugendgeneration.

11) *Eduard Spranger,* Psychologie des Jugendalters, 27. Aufl., Heidelberg 1963, S. 196.

12) Vgl. *F. A. Lange,* Geschichte des Materialismus, 9. Aufl., hg. von H. Cohen, 2 Bde, Leipzig 1914/5, Bd. 1, S. 399.

13) *Spranger,* a.a.O., S. 182.

14) Vgl. a.a.O., S. 182, S. 196.
    Trotz aller zeitbedingter Differenzierungen finden auch heutige Untersuchungen dieselben Grundmuster jugendlichen Verhaltens — vom schar-

fen Protest bis zum „Null-Bock-Rückzug", vgl. *„Jugend '81"*. Studie im Auftrag des Jugendwerks der Deutschen Shell, Opladen 1982.

15) Zum Beispiel in Schullesebüchern, die Zusammenfassung steht bei *Ursula Lehr,* Ist Frauenarbeit schädlich?, Zürich/Osnabrück 1979 (Texte + Thesen 116), S. 45f.

16) *Arthur Kutscher,* Einleitung zu: Schillers Werke. Vollständige Ausgabe in fünfzehn Teilen, Berlin u. a. 1909, Bd. 1, S. XXI-CXCVII, Zitat S. XXXI.

17) A. a. O., S. XXIX.

18) Abdruck bei *F. Pfäfflin / E. Dambacher,* Schiller. Ständige Ausstellung des Schiller-Nationalmuseums, Marbach 1980, S. 28.

19) *Otto Lyon,* Schillers Leben und Werke, Bielefeld/Leipzig 1982 u. ö. (Sammlung Deutscher Schulausgaben 39), S. 23.

20) *Franz Mehring,* Schiller. Ein Lebensbild für deutsche Arbeiter [1905], hier zitiert nach der von W. Heist besorgten Ausgabe Berlin o. J. (Gebrüder Weiß Verlag), S. 20f.

21) *O. Lyon,* a. a. O., S. 35.

22) *Arthur Eloesser,* Das Bürgerliche Drama. Seine Geschichte um 18. u. 19. Jahrhundert, Berlin 1898, S. 147. Vgl. auch die einleitenden Bemerkungen von Goethe und Hochhuth, s. o. S.

23) *Franz Mehring,* a. a. O., S. 32.

24) *Karl Hoppe,* Einleitung zu: *ders.* (Hg.), Sturm und Drang, Leipzig o. J., S. VII-XXIII, Zitat S. XII.

25) *Immanuel Kant,* Kritik der Urteilskraft (1970), § 49, hier zitiert nach: Kants Werke, hg. H. Renner, 8 Bücher in 2 Bdn., Berlin o. J., Bd. 2, 6. u. 7. Buch, S. 139f.

26) *K. Hoppe,* a. a. O., S. XIII.

27) *Jakob Burckhardt,* Weltgeschichtliche Betrachtungen (1905), hist.-krit. Ausgabe von R. Stadelmann, Pfullingen o. J., S. 292f.

28) A. a. O., S. 293.

29) *Ernst Müller,* Der junge Schiller, Tübingen/Stuttgart 1947, S. 151.

30) *Christian Friedrich Daniel Schubart,* Zur Geschichte des menschlichen Herzens (1775), zitiert nach *ders.,* Vermischte Schriften, 1. Teil, Stuttgart 1839 (C. F. D. Schubart's, des Patrioten, gesammelte Schriften und Schicksale, Bd. 6), S. 82-89, Zitat S. 83.

31) Zusammenfassung von *H. H. Borcherdt,* Schiller. Seine geistige und künstlerische Entwicklung, Leipzig 1929, S. 43f.

32) Schubart, a. a. O., S. 83.

33) *Friedrich Maximilian Klinger,* Die Zwillinge. Ein Trauerspiel, abgedruckt bei: Karl Hoppe, Sturm und Drang, a. a. O., S. 131-168.

34) *Johann Anton Leisewitz,* Julius von Tarent. Ein Trauerspiel, Ausgabe von 1776 hg. von W. Keller, Stuttgart 1965 (Reclam 111/12).

35) *Robert Koenig,* Deutsche Literaturgeschichte, Bielefeld/Leipzig ^{7}1879, S. 400.

36) Zusammenfassung der Gedanken Descartes' bei *August Messer,* Geschichte der Philosophie Bd. 2, Vom Beginn der Neuzeit bis zur Aufklärungszeit, 6. u. 7. Auflage, Leipzig 1923, S. 48.

37) *Friedrich Schiller,* Der Verbrecher aus verlorener Ehe. Eine wahre Geschichte (1792), zitiert nach *Schillers Werke,* hg. von *A. Kutscher,* Bd. 6, S. 243-263, Zitat S. 244f. —
Eine geringfügig umfangreichere Fassung erschien 1786 unter dem Titel ,,Verbrecher aus Infamie" in der von Schiller herausgegebenen Zeitschrift ,,Thalia" 2/1786, S. 20ff., nachzulesen in: *Thalia* .... Bd. 1, H. I-IV, Bern 1969 (Nachdruck der Ausgabe Leipzig 1787).
Die Passagen aus der 1. Fassung erscheinen in den folgenden Zitaten in Klammern, ihre Schreibweise wurde vorsichtig modernisiert.

38) *Walter Toman,* Einführung in die moderne Psychologie, Wien/Stuttgart 1951 / Sammlung Universität 20), S. 131f.

39) *Schiller,* a.a.O., S. 245 (S. 26).

40) A.a.O., S. 249 (S. 33).

41) A.a.O., S. 248.

42) *W. A. Boelcke,* Liberalismus in: Handwörterbuch der Wirtschaftswissenschaft (HdWW), hg. *W. Albers* u.a., Stuttgart u.a., Bd. 5, 1980, S. 32-47, Zitat S. 34, r. Spalte.

43) *Hans Meyer,* Geschichte der abendländischen Weltanschauung, Bd. 4: Von der Renaissance bis zum deutschen Idealismus, Würzburg/Paderborn 1950, S. 224.

44) *Karl Vorländer,* Geschichte der Philosophie, bearb. von Knittermeyer u. Keßler, Bd. 5: Philosophie d. Neuzeit. Die Aufklärung, Reinbek 1967, S. 55.

45) Das Zitat stammt von *Holbach,* System der Natur oder die Gesetze der physischen und moralischen Welt (1770), zitiert nach *G. Geißler* (Hg.), Europäische Dokumente aus fünf Jahrhunderten, Leipzig (1939), S. 271.

46) *Rudolf Eucken,* Geistige Strömungen der Gegenwart, Leipzig [5]1916, S. 169.

47) Zusammenfassung von *C. Gebauer,* Geistige Strömungen und Sittlichkeit im 18. Jahrhundert, Berlin 1931, S. 109f.

48) Vgl. *Arthur Eloesser,* Das Bürgerliche Drama. Seine Geschichte im 18. und 19. Jahrhundert, Berlin, S. 36-43.

49) *Schiller,* Die Tugend in ihren Folgen betrachtet. Akademierede zum Geburtstag der Reichsgräfin Franziska von Holenheim, zitiert nach *Schiller,* hg. von *Kutscher,* a.a.O., Bd. 12, S. 142-148, Zitat S. 146.

50) *Schiller,* Philosophische Briefe, zitiert a.a.O., Bd. 12, S. 195-214, Zitat S. 195, 196.

51) *Herbert Dieckmann,* Reflexionen über den Begriff *Raison* in der Aufklärung und bei Piere Bayle (1965), in: *ders.:* Studien zur europäischen Aufklärung, München 1974 (Theorie u. Geschichte d. Literatur u. d. schönen Künste 22), S. 312ff., Zitat S. 326.

52) *Thomas Hobbes,* Über den Zustand des Menschen außerhalb der bürgerlichen Gesellschaft (aus ,,Elementa philosophica de cive, 1642), zitiert nach *P. Deussen* (Hg.), Anthologie der neueren Philosophie, Berlin 1919, S. 11-13, Zitat S. 8f.

53) A.a.O., S. 8.

54) Ebda.
55) A.a.O., S. 10.
56) *Schiller,* Die Tugend in ihren Folgen betrachtet, a.a.O., S. 144f.
57) *Schiller,* Philosophische Briefe, a.a.O., S. 209.
58) *Schiller,* Versuch über den Zusammenhang der thierischen Natur des Menschen mit seiner geistigen, Dissertation Stuttgart 1780, zitiert nach *Schiller,* Medizinische Schriften, hg. Deutsche Hoffmann - La Roche AG 1959, S. 135-180, Zitat S. 156f. (In der von Kutscher besorgten Ausgabe ist die Dissertation in Bd. 12, S. 95-125, abgedruckt.)
59) *Wolfgang Hug,* Die Menschenrechte, Neudrucke Bonn 1978 (Informationen zur politischen Bildung 129), S. 21.
60) *Schiller,* Versuch über den Zusammenhang der thierischen Natur des Menschen mit seiner geistigen, a.a.O., S. 140.
61) A.a.O., S. 158.
62) A.a.O., S. 162f.
63) *Schiller,* Über die Krankheit des Eleven Grammmont, 1780, zitiert nach der Ausgabe der Deutschen Hoffmann-La Roche, S. 21-29, Zitat S. 21f.
64) *A.A. Roback,* Weltgeschichte der Psychologie und Psychatrie, dt. Olten 1970, S. 221f.
65) *Joseph Petzold,* Das Weltproblem von positivistischem Standpunkte aus, Leipzig 1906, S. 138.
66) A.a.O., S. 150.
67) *W. Kamlach/P. Lorenzen,* Logische Propädeutik, Mannheim 1967, S.51.
68) *Friedrich Engels,* Feuerbach und der Ausgang der klassischen deutschen Philosophie (1888), zitiert nach *Marx/Engels,* Ausgewählte Schriften in zwei Bänden, Berlin (Ost) 1966, Bd. 2 S. 328-369, Zitat S. 338, 339.
69) *Friedrich Paulsen,* Einleitung in die Philosophie, 14. Auflage, Stuttgart/ Berlin 1906, S. 85.
70) Aloys Wenzl, Das Leib-Seele-Problem, 1933, zitiert von *Ludwig Bauer,* Metaphysik, 3. Aufl., München 1935 (Philos. Handbibliothek VI), S. 347.
71) Vgl. *Johannes Hessen,* Lehrbuch der Philosophie. 3. Band: Wirklichkeitslehre, 2. Aufl., München/Basel 1962, S. 206-208.
72) Vgl. z.B. *Sigmund Biran,* Die außerpsychologischen Voraussetzungen der Tiefenpsychologie, München/Basel 1966, passim.
73) ,,Franz [ist] als ein *raisonnierender* Bösewicht angelegt worden", er ist ein ,,spekulalativischer Bösewicht", ein ,,metaphysisch-spitzfündiger Schurke", so Schiller an Dahlberg, den Intendanten des Mannheimer Nationaltheaters, am 6. Oktober und am 12. Dezember 1781, ,,*Die Briefe des jungen Schiller,* ausgewählt und eingeleitet von Max Hecker, Leipzig 1909, S. 26 u. 32.
74) *Otto Ernst Breibeck,* Ertz-Maleficanten. Wilddiebe, Räuber, Mordbanditen, Regensburg 1977, S. 90.
75) Ausführliche, die ältere Polizeiliteratur umsichtig aufarbeitende Darstellungen zur sozialen Herkunft, der Organisation und des gesellschaftlichen Bewußtseins der ‚Räuber‘ bei *Carsten Küther,* Räuber und Gauner in Deutschland. Das organisatorische Bandenwesen im 18. und frühen

19. Jahrhundert, Göttingen 1976; vgl. dazu *Ludwig,* Schiller „Die Räuber" (Königs Erläuterungen 28), a.a.O. [Anm. 4], S. 103-124.

76) *Schiller,* Der Verbrecher aus verlorener Ehre, a.a.O., S. 257f. (47). Abels Vater war Amtmann und hatte dereinst den Sonnenwirt verhaftet und verhört.

77) Schiller an Dahlberg am 12. Dezember 1781, zitiert nach *„Die Briefe des jungen Schiller",* hg. M. Hecker, a.a.O., S. 30-34, Zitat S. 31.

78) *Schiller,* Unterdrückte Vorrede [Zu den „Räubern"], in: *ders., hg. von Kutscher,* a.a.O., Bd. 13, S. 32-35, Zitate S. 34.

79) In einzelnen Passagen greift der Verfasser (M.H.L.) im folgenden auf Formulierungen aus seinen Erläuterungen — *Ludwig,* Erläuterungen zu Friedrich Schiller „Die Räuber", a.a.O., S. 10-16, zurück.

80) Siehe oben S.84 f.die Bewertung durch *A.A. Roback;* vgl. mit gleichem Tenor *P.R. Hofstätter,* Psychologie, Frankfurt/M. 1957 u.ö. (Fischer Lexikon 6), S. 248.

81) Vgl. Einleitung zu: *Schiller,* Medizinische Schriften, hg. von der Deutschen Hoffmann-La Roche AG, a.a.O., S. 5-18, hier S. 12-14, 16f.

82) Vgl. *Gert Ueding,* Wirrwarr als Regelfall von Natur und Geschichte, in: Bilder und Zeiten, Beilage zur Frankfurter Allgemeinen Zeitung am 28.08.1982.

83) Spiegelberg nennt einmal das Graubünder Land „als Athen der heutigen Gauner". Dort könne ein angehender Räuber das rechte „Spitzbubenklima" vorfinden, um sein ‚Handwerk' zu lernen. Angesichts dieser Charakteristik meldeten sich aus dem Schweizer Kanton erboste Stimmen.

84) Vgl. Schillers Briefe in: *„Die Briefe des jungen Schiller",* hg. M. Hecker, a.a.O. S. 40-45.

85) So Schiller an seine Schwester Christophine am 6. November 1782, a.a.O., S. 49.

Literaturverzeichnis

Texte

Die *Briefe* des jungen *Schiller*. Ausgewählt und eingeleitet von *Max Hecker*, Leipzig 1909.

Friedrich Maximilian Klinger, Die Zwillinge. Ein Trauerspiel, in: Karl Hoppe (Hg.), Sturm und Drang, a.a.O., S. 131-168.

Johann Anton Leisewitz, Julius von Tarent. Ein Trauerspiel [1776], hg. von W. Keller, Stuttgart 1965 (Reclam 111/12).

Friedrich Schiller, Medizinische Schriften. Eine Buchgabe der Deutschen Hoffmann - La Roche AG aus Anlaß des 200. Geburtstages des Dichters, 10. November 1959. [Diese Ausgabe bietet einen vorsichtig modernisierten Text sowie eine Einleitung, die Schillers Jugendjahre unter dem Aspekt medizinischer Studien und des medizinischen Wissensstandes betrachtet.]

Friedrich Schiller, Die Räuber. Ein Schauspiel [1781], Stuttgart 1975 (Reclams UB 15).

Schillers Gespräche, hg. von *Freiherr von Biedemann* (Bong), Nachdruck Zürich 1974.

Schillers Leben dokumentarisch in Briefen, zeitgenössischen Berichten und Bildern, zusammengestellt von *Walter Hoyer,* Köln 1967.

Schillers Werke. Vollständige Ausgabe in fünfzehn Teilen. Aufgrund der Hempelschen Ausgabe neu herausgegeben von *Arthur Kutscher,* Berlin u.a. (Bong), o.J. (1909).

Thaila, hg. von *Friedrich Schiller,* Bd. 1-4 Leipzig 1787 (fotomechanischer Nachdruck Bern 1969).

Christian Friedrich Daniel Schubart's, des Patrioten, gesammelte Schriften und Schicksale, Bd. 6, Stuttgart 1839.

P. Uhle (Hg,), Schiller im Urteil Goethes. Die Zeugnisse Goethes in Wort und Schrift, Leipzig und Berlin 1910.

Spezielle Sekundärliteratur zu Schillers „Räuber"

Erläuterungen zu Schillers Jugenddrama „Die Räuber", neu bearb. von *Oswald Woyte,* 21. Aufl. Hollfeld/Oberfr. o. J. (Königs Erläuterungen 28).

Rolf Hochhuth, Auszug aus der „Räuber-Rede" [Reinbek 1982], in: [Würzburger Festspielgesellschaft], Würzburger Festspiele '83. Friedrich Schiller „Die Räuber", Würzburg 1983, S. 10-19.

Günther Kraft. Historische Studien zu Schillers Schauspiel „Die Räuber". Über eine mitteldeutsch-fränkische Räuberbande des 18. Jahrhunderts, Weimar 1959.

Martin H. Ludwig, Erläuterungen zu: Friedrich Schiller „Die Räuber", Hollfeld 1978 u.ö. (Königs Erläuterungen und Materialien 28/28a).

Friedrich Schiller, Die Räuber. Erläuterungen und Dokumente, hg. von *Christian Grawe,* Stuttgart 1976 (Reclams UB 8134).

J. E. Schlunk, Vertrauen als Ursache und Überwindung tragischer Verstrickung in Schillers „Räubern". Zum Verständnis Karl Moors, in: Jahrbuch der Deutschen Schillergesellschaft Bd. 27 (1983), S. 185-201.

Literaturwissenschaftliche Sekundärliteratur

Karl Berger, Schiller. Sein Leben und seine Werke, 2 Bde.: Bd. 1: 10. Auflage, Bd. 2: 9. Auflage, München 1918.

Otto F. Best (Hg.), Aufklärung und Rokoko, Stuttgart 1976 (Reclams UB 9617) (D. dt. Lit. Ein Abriß in Text und Darstellung, hg. *O. F. Best* und *H.-J. Schmitt,* Bd. 5).

Hans Heinrich Borcherdt, Schiller. Seine geistige und künstlerische Entwicklung, Leipzig 1929 (Wissenschaft und Bildung 255).

Reinhard Buchwald, Schiller, 2 Bde, Leipzig 1937 u.ö.

ders., Herzog Karl Eugen gründet ein Nationaltheater, in: Gestaltung. Umgestaltung, Festschrift zum 75. Geburtstag von *H. A. Korff,* hg. von *Joachim Müller,* Leipzig 1957, S. 76-91.

Friedrich Burschell, Friedrich Schiller in Selbstzeugnissen und Dokumenten, Reinbek 1958 u.ö. (romono 14).

ders., Schiller, Reinbek 1968.

Arthur Eloesser, Das Bürgerliche Drama. Seine Geschichte im 18. und 19. Jahrhundert, Berlin 1898.

Ingrid Hannich-Bode, Schiller-Bibliographie 1979-1982 und Nachträge, in: Jahrbuch der Deutschen Schillergesellschaft Bd. 27, Stuttgart 1983, S. 493-546.

Karl Hoppe (Hg.), Sturm und Drang, Leipzig o.J. (Volksgut deutscher Dichtung hg. *M. Hecker* und *H. Wahl*).

Robert Koenig, Deutsche Literaturgeschichte, 7. Auflage, Bielefeld/Leipzig 1879.

Helmut Koopmann, Friedrich Schiller I, 1759-1794, Stuttgart 1966 (Sammlung Metzler 50).

ders., Schiller-Kommentar, Bd. 1: Zu den Dichtungen, Bd. 2: Zu den historisch-philosophischen und vermischten Schriften, München 1969.

ders., Schiller-Forschung 1970-1980. Ein Bericht, Marbach am Neckar 1982.

Otto Lyon, Schillers Leben und Werke, Bielefeld/Leipzig 1892 u.ö. (Sammlung Deutscher Schulausgaben 39).

Franz Mehring, Schiller. Ein Lebensbild für deutsche Arbeiter [1905], hg. von W. Heist, Berlin o.J. (Gebrüder Weiß Verlag).

Ernst Müller, Der junge Schiller, Tübingen/Stuttgart 1947.

Richard Newald, Von Klopstock bis Goethes Tod, Bd. 1: Ende der Aufklärung und Vorbereitung der Klassik, München 1957 u.ö. (Gerch. d. dt. Lit., hg. *H. de Boor* u. *R. Newald,* Bd. VI, 1).

F. Pfäfflin/E. Dambacher, Schiller. Ständige Ausstellung des Schiller-Nationalmuseums, Marbach 1980.

Gert Heding, Wirrwarr als Regelfall von Natur und Geschichte, in: Bilder und Zeiten, Beilage zur Frankfurter Allgemeinen Zeitung am 28.08.1982.

Gero von Wilpert, Schiller-Chronik. Sein Leben und Schaffen, Stuttgart 1958 (Kröners Taschenausgabe 281).

Karl Wolff, Schillers Theodizee. Bis zum Beginn der Kantischen Studien, Leipzig 1909.

Bernhard Zeller (Hg.), Schillers Leben und Werk in Daten und Bildern, Frankfurt/M. 1966.

Bernhard Zeller/Walter Scheffler, Schiller. Leben und Werk in Daten und Bildern Frankfurt/M. 1977 (insel tb 226).

Allgemeine Sekundärliteratur

Ludwig Baur, Metaphysik, 3. Auflage München 1935.

Sigmund Biran, Die außerpsychologischen Voraussetzungen der Tiefenpsychologie, München/Basel 1966.

W. A. Boelcke, Liberalismus, in: Handwörterbuch der Wirtschaftswissenschaft (HdWW), Stuttgart u.a., Bd. 5, 1980, S. 32-47.

Otto-Ernst Breibeck, Ertz-Maleficanten. Wilddiebe, Räuber, Mordbanditen, Regensburg 1977.

Jacob Burckhardt, Weltgeschichtliche Betrachtungen [1905], historisch-kritische Ausgabe von *Rudolf Stadelmann,* Pfullingen o. J.

Paul Deussen (Hg.), Anthologie der neueren Philosophie, Berlin 1919 (Anthologie der Wissenschaften, hg. *F. Ramhorst,* Bd. 1).

Herbert Dieckmann, Reflexionen über den Begriff *Raison* in der Aufklärung und bei Pierre Bayle, (1965), in: *ders.,* Studien zur europäischen Aufklärung, München 1974 (Theorie u. Geschichte d. Literatur u. d. schönen Künste 22).

Rudolf Eucken, Geistige Strömungen der Gegenwart, 5. Aufl. Leipzig 1916.

Curt Gebauer, Geistige Strömungen und Sittlichkeit im 18. Jahrhundert. Beiträge zur deutschen Moralgeschichte, Berlin 1931.

G. Geißler (Hg.), Europäische Dokumente aus fünf Jahrhunderten, Leipzig 1939.

Fritz Hartung, Deutsche Verfassungsgeschichte. Vom 15. Jahrhundert bis zur Gegenwart, 8. Aufl. Stuttgart 1950.

Johannes Hessen, Lehrbuch der Philosophie. 3. Band: Wirklichkeitslehre, 2. Auflage. München/Basel 1962.

Karl Heussi, Kompendium der Kirchengeschichte, 12. Aufl., Tübingen 1960.

Helmut Höfling, Helden gegen das Gesetz. Die großen Räubergestalten von Angelo Duca bis Robin Hood, Düsseldorf/Wien 1977.

P. R. Hofstätter (Hg.), Psychologie, Frankfurt/M. 1957 u.ö. (Fischer Lexikon 6).

Jugend '81. Lebensentwürfe. Alltagskulturen. Zukunftsbilder. Studie im Auftrag des Jugendwerks der Deutschen 2 Bde in einem, Opladen 1982.

W. Kamlah/P. Lorenzen, Logische Propädeutik, Mannheim 1967 (B. I. Hochschultaschenbücher 227/227a).

Paul Kampffmeyer, Geschichte der Gesellschaftsklassen in Deutschland, Berlin 1910.

Immanuel Kants Werke, hg. von *Hugo Renner,* 8 Bücher in 2 Bänden, Berlin o.J.

Carsten Küther, Räuber und Gauner in Deutschland. Das organisierte Bandenwesen im 18. und frühen 19. Jahrhundert, Göttingen 1976.

Friedrich Albert Lange, Geschichte des Materialismus, 9. Aufl., hg. von H. Cohen, 2 Bde Leipzig 1914/15.

Ursula Lehr, Ist Frauenarbeit schädlich? Zürich/Osnabrück 1979 (Texte + Thesen 116).

Marx/Engels, Ausgewählte Schriften in Zwei Bänden, Berlin (Ost) 1966.

August Messer, Geschichte der Philosophie [Bd. 2] vom Beginn der Neuzeit bis zur Aufklärungszeit, 6. u. 7. Auflage, Leipzig 1923 (Wissenschaft und Bildung 108).

Hans Mayer, Geschichte der abendländischen Weltanschauung Bd. 4: Von der Renaissance bis zum deutschen Idealismus, Würzburg/Paderborn 1950.

Hans Heinrich Muchow, Jugend und Zeitgeist. Morphologie der Kulturpubertät, Reinbek 1962 (rde 147/148).

Friedrich Paulsen, Einleitung in die Philosophie, 14. Auflage Stuttgart/Berlin 1906.

Joseph Petzold, Das Weltproblem von positivistischem Standpunkte aus, Leipzig 1906 (Aus Natur und Geisteswelt 133).

A. A. Robback, Weltgeschichte der Psychologie und Psychatrie, Olten 1970.

Eduard Spranger, Psychologie des Jugendalters, 27. Aufl. Heidelberg 1963.

Walter Toman, Einführung in die moderne Psychologie, Wien/Stuttgart 1951 (Sammlung Universität 20).

Karl Vorländer, Geschichte der Philosophie, bearb. von Knittermeyer und Keßler, Bd. 5: Philosophie der Neuzeit. Die Aufklärung, Reinbek 1967.

Analysen und Reflexionen
Interpretationen und didaktische Anweisungen

Absurdes Theater	AR 36
Beckett, S.: Warten auf Godot/Das Endspiel/Das letzte Band	AR 27
Benn, G.: Lyrik und Prosa	AR 59
Böll, Hch.: Das Brot der fr. Jahre/Ansichten eines Clowns	AR 8
Böll, Hch.: Erzählungen (I Der Krieg, II Der Nachkrieg, III Die Restauration)	AR 68
Böll, Hch.: Die verlorene Ehre der Katharina Blum	AR 41
Brecht, B.: Der gute Mensch v. Sezuan/Leben des Galilei	AR 3
Brecht, B.: Leben des Galilei	AR 26
Brecht, B.: Die hl. Johanna d. Schlachthöfe/Jasager ... usw.	AR 14
Brecht, B.: Mutter Courage u. ihre Kinder/Episches Theater	AR 19
Brecht, B.: Mutter Courage u. ihre Kinder/Der kaukas. Kreidekreis	AR 2
Büchner, G.: Dantons Tod/Lenz/Woyzeck	AR 18
Camus, A.: Der Fremde/Die Pest	AR 12
Camus, A.: Das Mißverständnis	AR 53
Droste-Hülshoff, A.: Die Judenbuche	AR 48
Dürrenmatt, Fr.: Der Verdacht/Der Besuch d. alten Dame	AR 16
Dürrenmatt, Fr.: Der Besuch der alten Dame	AR 67
Dürrenmatt, Fr.: Die Physiker	AR 65
Dürrenmatt, Fr.: Der Richter und sein Henker	AR 64
Dürrenmatt, Fr.: Der Verdacht/Die Panne	AR 70
Eichendorff, J. von: Aus dem Leben eines Taugenichts	AR 54
Fontane, Th.: Effi Briest	AR 61
Frisch, Max: Andorra/Biedermann und die Brandstifter	AR 9
Frisch, Max: Homo Faber	AR 17
Frisch, Max: Mein Name sei Gantenbein/Montauk/Stiller	AR 15
Goethe, J. W.: Faust, 1. Teil	AR 30
Goethe, J. W.: Werthers Leiden	AR 62
Goethe-Plenzdorf: Die (neuen) Leiden des jungen (W) Werthers	AR 20
Grass, G.: Die Blechtrommel	AR 21
Handke, P.: Sprachkritik und Sprachverwendung (versch. Texte)	AR 31
Hauptmann, G.: Bahnwärter Thiel	AR 23
Hauptmann, G.: Der Biberpelz/Vor Sonnenaufgang/Die Weber	AR 32
Heine, Hch.: Lyrik	AR 49
Heine, Hch.: Deutschland. Ein Wintermärchen/Harzreise u. a.	AR 52
Hemingway, E.: Aus dem Erzählwerk	AR 28
Hesse, H.: Der Steppenwolf/Siddhartha	AR 24
Hoffmann, E. T. A.: Das Fräulein von Scuderi/Der goldene Topf	AR 57
Industriereportagen in der Arbeiterliteratur	AR 25
Kafka, Fr.: Das Schloß/Der Prozeß/Ein Brief an Max Brod	AR 42
Kafka, Fr.: Das Urteil/Vor dem Gesetz/Ein Hungerkünstler	AR 22
Keller, G.: Romeo und Julia auf dem Dorfe	AR 45
Kleist, Hch. v.: Marionettentheater/Käthchen von Heilbronn/ Erdbeben in Chili/Die Marquise von O	AR 33
Kleist, Hch. v.: Prinz Friedr. v. Homburg/Michael Kohlhaas	AR 34
Klepper, Jochen: Werke	AR 29
Lessing, Gotth. E.: Emilia Galotti	AR 47
Lessing, Gotth. E.: Minna von Barnhelm	AR 7
Lessing, Gotth. E.: Nathan der Weise	AR 10
Mann, Hch.: Der Untertan/Abdankung	AR 37
Mann, Th.: Die Buddenbrooks	AR 38
Mann, Th.: Der kleine Herr Friedemann/Tristan	AR 60
Mann, Th.: Tonio Kröger/Der Tod in Venedig	AR 55
Naturalismus (Die Überwindung des Naturalismus)	AR 35
Orwell-Huxley-Golding: Animal Farm/Brave New World/1984/ Lord of the Flies	AR 40
Saint-Exupery, A. de: Der kleine Prinz	AR 56
Salinger, J.: Der Fänger im Roggen u. a.	AR 39
Sartre, J.-P.: Das dramatische Werk I	AR 58
Sartre, J.-P.: Das dramatische Werk II	AR 63
Schiller, Fr.: Don Karlos	AR 46
Schiller, Fr.: Kabale und Liebe	AR 44
Schiller, Fr.: Maria Stuart	AR 43
Schiller, Fr.: Die Räuber	AR 51
Schiller, Fr.: Wilhelm Tell	AR 5
Tieck, L.: Der blonde Eckbert/Der Runenberg/Die Elfen	AR 69
Zuckmayer, C.: Der Hauptmann von Köpenick	AR 50
Zweig, St.: Schachnovelle	AR 66

Weitere Bände in Vorbereitung!

Joachim Beyer Verlag – Tel.: 0 92 74 / 4 01 – 8607 Hollfeld